新电商·新职业·新形态"岗课赛证"融通电子商务系列教材

新零售场景电商

刘冬美　王红蕾　主编

中国财富出版社有限公司

图书在版编目（CIP）数据

新零售场景电商 / 刘冬美，王红蕾主编. — 北京：中国财富出版社有限公司，2023.12

（新电商·新职业·新形态"岗课赛证"融通电子商务系列教材）

ISBN 978-7-5047-8061-4

I.①新… II.①刘…②王… III.①零售业—电子商务—职业教育—教材 IV.①F713.36

中国国家版本馆CIP数据核字（2024）第017627号

策划编辑	李彩琴	责任编辑	孟 杨	版权编辑	李 洋
责任印制	尚立业	责任校对	孙丽丽	责任发行	董 倩

出版发行	中国财富出版社有限公司			
社　　址	北京市丰台区南四环西路188号5区20楼		邮政编码	100070
电　　话	010-52227588 转 2098（发行部）		010-52227588 转 321（总编室）	
	010-52227566（24小时读者服务）		010-52227588 转 305（质检部）	
网　　址	http：// www.cfpress.com.cn	排　　版	宝蕾元	
经　　销	新华书店	印　　刷	北京九州迅驰传媒文化有限公司	
书　　号	ISBN 978-7-5047-8061-4 / F·3735			
开　　本	710mm×1000mm 1/16	版　　次	2024 年 10 月第 1 版	
印　　张	11	印　　次	2024 年 10 月第 1 次印刷	
字　　数	215千字	定　　价	49.80 元	

内容摘要

　　本书基于零售企业亟须转型升级的大背景，聚焦新零售场景下各种电商模式，结合企业典型案例，提炼了新零售场景电商分析的知识点和新零售场景电商模式打造的技能点，以项目任务形式设置内容，具体包括新零售概述、场景电商认知、新零售场景应用、新零售场景电商模式、新零售电商场景打造、新零售场景电商行业应用六个项目。这些项目从新零售的商业模式、特征、技术、场景应用、场景打造、行业应用等多个维度，阐述了新零售场景电商的实际运作概况、策略、方法等内容，构建了系统而全面的新零售场景电商知识体系。本书旨在帮助学生快速掌握新零售场景电商的相关理论与技能，培养学生具备新零售场景电商运营思维及业务能力。

　　本书内容全面、图文并茂，既可作为职业院校电子商务、市场营销及相关专业的教材，也可作为从事电子商务、市场营销、实体店运营、零售企业管理等工作的从业者的参考用书。

前　言

随着人工智能、物联网、大数据、区块链等技术的应用，以及互联网行业增量的红利逐渐消退和线上获客成本的上升，电商发展进入了新阶段。新零售的出现与发展为传统零售业带来了新活力，不仅有效缓解了电商发展的困境，也重塑着零售业的产业格局与生态系统。在此过程中，传统企业寻求变革，新兴玩家不断崛起，科技巨头频频跨界，零售业的竞争变得越来越激烈、越来越引人关注。

编者经过对大量的新零售企业进行调研，梳理了新零售场景下各种电商模式的应用，探索、研究各类型新零售场景电商的发展现状、运营情况、价值体现等，全面梳理了新零售业的改变与创新模式，并以培养学生的新零售场景电商运营思维及业务能力为目标，精心设置教材体例，开发教材内容及配套资源，力求通过本书的学习，能够让学生系统地掌握新零售场景电商的相关理论知识、方法与策略。

全书共分为六个项目，各项目主要内容如下：

项目一，新零售概述。主要从新零售商业模式、特征、技术方面阐述新零售的基本概况，搭建起新零售认知的整体知识框架。

项目二，场景电商认知。以任务认知的形式，从场景与场景电商、传统电商与场景电商两个维度阐述场景的起源、场景电商的概念与发展、场景电商与传统电商的本质区别。

项目三，新零售场景应用。从当下发展热门的线下便利店、同城服务、直营模式三个维度，以案例分析的形式探究新零售背景下线下便利店、同城服务、直营模式的发展概况、特征等，深度分析其应用价值。

项目四，新零售场景电商模式。重点介绍小程序电商、直播电商、社区电商、社群电商的特点、运营模式、运作流程、变现方式等内容，帮助学生全面了解主流新零售场景电商模式概况。

项目五，新零售电商场景打造。主要介绍常见的消费者生活场景、新零售背景下供应链体系重构的要求与方法、场景化新零售模式的特征等内容，全面阐述新零售电商场景打造的理论知识、方法与技巧。

项目六，新零售场景电商行业应用。重点从医疗服务行业应用、商超百货行业应用、餐饮门店行业应用、终端零售行业应用四大领域，阐述各个领域的应用现状、发展特点，探索新零售场景电商行业应用的模式创新。

本书的编写特色在于，紧跟行业发展，内容与时俱进，既涵盖了较新、较权威的新零售相关理论知识，又列举了美团、饿了么、盒马鲜生、拼多多、小红书等典型企业案例，在讲解知识的同时提升了阅读趣味性。

新零售业处于不断发展之中，由于编者水平有限，书中难免存在疏漏不当之处，敬请广大读者予以指正。

编者

2024 年 1 月

目　录

项目一 新零售概述

学习目标

知识目标

1. 了解新零售的概念、发展等；

2. 熟悉常见的新零售商业模式；

3. 理解新零售时代"人""货""场""圈"的特征；

4. 熟悉大数据、人工智能、云计算、AR/VR等技术在新零售领域的应用。

能力目标

1. 能够分析新零售商业模式运营思维的特点；

2. 能够理解并概括新零售的特征；

3. 能够阐述大数据、人工智能、云计算、AR/VR等新零售技术的应用价值。

素养目标

1. 具备与时俱进、大胆创新的开拓精神，积极探究新零售发展；

2. 热爱新零售行业，培养职业归属感和认同感。

学习导图

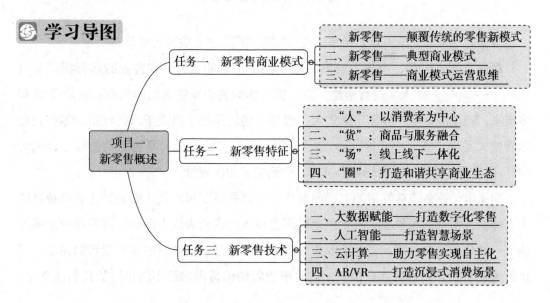

任务一　新零售商业模式

一、新零售——颠覆传统的零售新模式

2016年"新零售"这一概念的提出引发了社会各界的广泛关注。围绕新零售，零售企业开始了不断探索、升级，新零售企业呈井喷式崛起，知名度比较高的有盒马、京东、苏宁易购、小红书、永辉超市、居然之家、小米之家等。这些新零售企业的崛起不断改变着消费者的消费模式和习惯，同时在消费者消费需求升级的大环境下，零售企业也在不断探索新零售发展的价值、运营方向、商业模式。

在传统零售活动中，通过某种交易场景，消费者和商品之间产生了连接，其典型的交易场所为集市、商店、百货商场、超级市场等。在这种交易活动中，"人""货""场"构成了零售业的三大基本要素，如图1-1所示。

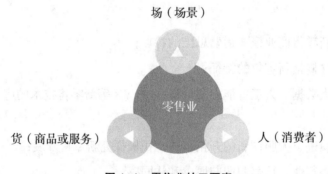

图1-1　零售业的三要素

零售业的发展变革实际上就是"人""货""场"三者关系的变革。

在物资匮乏时代，市场上的商品处于供小于求的状态，零售业的运营模式是以"货"—"场"—"人"进行构建，将"货"作为整个零售活动的核心；改革开放40多年来，随着工业生产规模不断扩大，市场上的商品处于供大于求的状态，零售业的运营模式是以"场"—"货"—"人"进行构建，"场"成为零售活动的核心，因为"场"可以帮助企业获得市场黄金位置，得到更多的客流量。

到了电子商务飞速发展的互联网时代，尤其是新零售时代，则更加注重消费者的个人体验，消费的场景也不再单纯地局限在线下门店或者线上网店，而是趋向于线上线下一体化的融合发展，并且新零售时代下的营销活动更看重的是消费者的需求，聚焦各类消费群体内心的真实需要，此时消费者的消费需求已不再单纯的是物质满足，

更看重个人内心的精神需要，如审美需求、情感需求、安全需求、价值需求、社交需求等。此时，大数据、人工智能、云计算、物联网、AR/VR 等新兴技术的加持，使零售企业能够不断挖掘消费者的内心需求，构建更加丰富、立体、多元，易于消费者进行沉浸式购物体验的消费场景，不断拓展消费边界。因此，在新零售时代下，"人"成为整个零售活动的核心，零售业的运营模式是"人"—"货"—"场"。

　　新零售时代下，"人""货""场"的这种关系变革最直接的体现就是以消费者为中心，通过线上线下一体化，为消费者打造多元消费场景，高效供应链体系辅助提升消费体验。以百货商场为例，百货商场作为传统的零售交易场所，如今很多都在转型升级，线上线下齐头并进，通过"人""货""场"的数字化重构，实现会员通、商品通和服务通，整合优化供应链，升级服务体验，创新运营模式。例如，银泰百货推出了喵街 App，消费者只要注册会员便可从线上了解商场内有哪些品牌店铺，以及商场内所有商品的优惠信息，挑选完成后直接下单，即可 24 小时内发货包邮到家。截至 2022 年，银泰百货数字化会员突破 3000 万。依托数字化技术驱动，银泰百货实现了跨品类、跨业态、跨时间、跨空间的人货匹配，成为借助数字化手段实现零售百货转型升级的典型代表。喵街 App 的数字化运营如图 1-2 所示。

二、新零售——典型商业模式

　　目前，关于新零售的定义，行业内尚未形成统一的认识，从新零售的发展背景、技术应用、消费者体验等多方面综合考量，业内趋向于认为：新零售是企业以互联网为依托，运用大数据、人工智能、云计算、物联网等先进技术手段以及心理学理论及方法，对商品生产、流通、销售全过程进行升级改造，进而重塑零售业态结构与生态圈，打造线上服务、线下体验及供应链物流深度融合的零售新模式。下面我们主要介绍几种常见的新零售商业模式：线上线下融合模式、全渠道零售模式和社交电商模式，结合典型案例，分析这些运营模式的特点，进一步了解新零售对传统零售业三要素的重构。

图 1-2　喵街App的数字化运营示例

（一）线上线下融合模式

线上线下融合模式，是通过大数据、云计算、人工智能、物联网等新兴技术赋能，实现 PC 端、移动端、实体门店的数据贯通，打造线上线下深度融合的购物场景，为消费者提供更极致的消费体验。目前，这种模式的应用在生鲜、百货等行业非常普遍，如盒马鲜生、永辉超市、华润万家、银泰百货等。下面以盒马鲜生为例阐述线上线下融合模式的特点。

盒马鲜生，是阿里巴巴对线下超市完全重构的新零售业态，是集餐饮、超市、App 电商、物流于一体的综合零售业态，采用"电商平台 + 实体店"的经营模式，将线上与线下进行融合，消费者可以到店购买（见图 1-3），也可以在盒马 App 下单，下单后门店附近 3 千米范围内 30 分钟即可送货上门。

图 1-3　盒马鲜生实体店示例

盒马鲜生的这种线上线下融合模式的显著特色如下：

1. 打造新的消费闭环

盒马鲜生通过"超市 + 餐饮 +App+ 物流"的复合业态，将线下与线上的场景相融合，既可将线上消费者引导至线下实体店消费，也可将线下实体店消费者吸引至线上消费，实现线上与线下资源互通、信息互联、相互增值，从而打造 O2O（Online to Offline）消费闭环。同时通过数字化运营，实现消费者的精准分析、精准营销，为消费者提供更优质的服务。

2. 构建多元消费场景，打造极致消费体验

在新零售时代，消费需求升级，盒马鲜生根据市场需求变化，在销售商品之余，更注重场景化服务，打造多元消费场景，如现场烹饪加工服务、厨艺交流分享活动等。

3. 发挥供应链优势，打造店仓一体化模式

盒马鲜生门店采用前店后仓模式：前面是线下体验店，为消费者提供生鲜食品展览、餐饮和其他体验服务，起到引流作用；后面是仓库，承载线上 App 订单的仓储、分拣、配送及门店补货等功能。这种将物流仓储作业前置到门店，与门店共享库存和物流基础设施的模式，大大提高了配送效率和成本。

4. 技术支撑，实现门对门配送

依托强大的供应链系统以及大数据、物联网、自动化设备等先进技术，盒马鲜生可以实现快速配送，下单后门店附近 3 千米范围内 30 分钟即可送货上门，实现了"人""货""场"最优匹配。

（案例 1-1：盒马新零售商业模式）

（二）全渠道零售模式

全渠道零售模式，是企业为了满足消费者任何时候、任何地点、任何方式购买的需求，通过整合线下渠道、网络渠道销售商品或服务，提供给消费者线上线下无差别的购买体验。

需要注意的是，首先全渠道既不等于所有渠道，也不是市场内所有渠道的简单结合，更不是品牌方利用市场内所有渠道进行零售行为；其次全渠道也不等于"线上渠道＋线下渠道"。新零售时代，信息化与零售形影不离，消费者的一次消费过程，往往涉及多个渠道之间的协同配合，各种新技术的应用，使客户数据、商品信息、服务、营销等都实现了信息互通，数字化运营让消费者享受到多渠道融合的优质无缝购物体验。因此，全渠道有三大显著特征：全程、全面、全线，如图 1-4 所示。

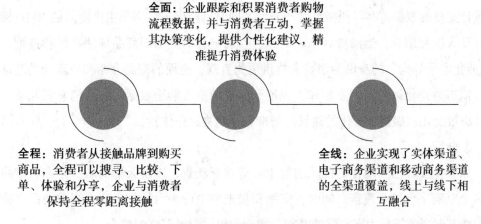

全面： 企业跟踪和积累消费者购物流程数据，并与消费者互动，掌握其决策变化，提供个性化建议，精准提升消费体验

全程： 消费者从接触品牌到购买商品，全程可以搜寻、比较、下单、体验和分享，企业与消费者保持全程零距离接触

全线： 企业实现了实体渠道、电子商务渠道和移动商务渠道的全渠道覆盖，线上与线下相互融合

图 1-4　全渠道的三大特征

下面我们结合安踏的全渠道零售进一步了解全渠道零售模式的特征。安踏智慧门店如图 1-5 所示。

图 1-5　安踏智慧门店示例

1. 全程

安踏智慧门店的云货架，是安踏独立开发运营的线上购物系统，消费者可以在云货架上挑选店铺没有展示的商品，实时查看优惠情况，并且自由选择送货到家或门店直提模式，让购物体验更轻松。消费者从接触品牌到购买产品过程中，既可以搜寻、比较，又可以直接下单，还可以体验、分享，安踏始终可以保持与消费者全程零距离接触，通过线上或线下方式对消费者的各种需求做出积极反馈。

2. 全面

消费者进入安踏智慧门店，店内带有接收器的鞋架、试鞋凳以及商品附带的 RFID（无线射频识别）标签，可以将消费者在店内进行的"拿起—试穿—购买"等一系列行为进行完整的数据留存以便指导生产研发。同时，门店还将当季主推商品的 RFID 标签与互动大屏相结合，当消费者拿起商品，互动屏会对应出现商品详情和推荐搭配，以"智能化电子导购"的身份为消费者提供更为直观、全面的商品介绍和更新奇的互动体验。依靠数据化运营，企业跟踪、积累到大量消费者购物数据，并与消费者互动，掌握其决策变化，提供个性化的建议，精准提升购物服务体验。

3. 全线

如今，安踏已实现在街铺、购物中心等线下场景，以及天猫商城、京东、唯品会等多个电商平台的全覆盖。同时，安踏积极把控电商平台折扣力度，当季商品会确保线上线下同样的折扣力度和促销时间，实现全渠道营销策略的整合。

安踏，以数字技术赋能，实现各渠道优势整合，微信公众号、小程序、微博以及各电商平台旗舰店、线下实体店等渠道间实现会员数据打通，统一化管理，精准化营销，实现物流、库存等成本节约，同时智慧门店也为消费者打造了一个更有趣、消费体验直线上升的场景式消费过程，完成会员管理、交易、服务、物流等全流程的"人""货""场"数字化闭环管理。

实现新零售全渠道，要做到两个关键：链接和融合。所谓链接，更多是指衡量零售企业竞争力的全新网络和移动互联网系统、数据管理系统、线上线下交易系统、全新的物流配送及商品采购体系、基于线上线下营销的全新商品结构和商品管理体系、全新的支付结算体系。而融合，更多体现在企业思维上，要求企业的经营思维要与时俱进，让传统零售不仅只是形式上发生变化，更重要的是学会从"人""货""场"价值重构的方向进行思考，结合实际需求，融合新的思想和模式，形成真正意义上的新零售。

（三）社交电商模式

社交电商模式，即社交化电子商务，是指通过社交网络平台或电商平台的社交功能，将关注、分享、讨论、沟通互动等社交化元素应用到电子商务的商品销售或服务交易活动中，以便更好地完成交易。社交电商模式的典型代表是拼多多、小红书。

传统电商时期，平台为商品提供了展示、支付的功能，帮助消费者解决了去哪儿买、如何买的问题；社交电商时期，整个运营以消费者为中心，通过消费者之间的分享、互动等行为让消费者了解到更多真实购物体验，并且这种互动的趣味性也刺激着消费者参与购物。可见，社交电商的本质是"分享经济＋信任经济"，亲朋好友、真实买家、明星偶像等的分享、"种草"，更容易获得消费者的信任，进而产生消费行为。

拼多多成立伊始，就主打拼团功能，消费者通过发起和朋友、家人、邻居等的拼团，获得更低价格的商品。正是在这种分享、裂变中，拼多多凝聚了大量用户，让消费者通过沟通、分享，在满足其消费需求的同时，能体验到拼团、互动等社交乐趣。拼多多的这种沟通、分享社交理念，形成了其独特的新社交电商思维。

小红书于2013年6月在上海成立，和其他电商平台不同的是，它从社区起家，2013年12月小红书推出海外购物分享社区，用户在社区里分享各种海外购物经验，到如今扩展到彩妆、美食、职场、影视、家居、旅行、健身等各种国内外信息分享，触及消费经验和生活方式的方方面面，成为深受年轻消费群体喜爱的消费决策信息提供者。

目前，小红书的运营方向主要有内容社区、产品电商、正品自营、品牌活动等。用户通过线上分享消费体验，引发社区互动，推动其他用户到线下消费，这些用户反过来又会进行更多的线上分享，最终形成一个正循环；平台利用累积的购物数据，分析出最受欢迎的商品及全球购物趋势，在此基础上把全世界的好物以最短的路径、最简洁的方式提供给用户；平台与知名品牌达成合作，如今越来越多的品牌商家通过小红书进行营销，品牌授权与品牌直营模式并行，保障了消费者在小红书购买到的商品都是正品。

小红书通过用户内容分享，聚焦人群形成具有共同兴趣爱好、需求的社群，用户间在这种分享、交流中形成了社交关系链，基于平台的大数据精准运营，内容与用户标签匹配，内容为王，引导消费者消费决策，形成了高黏性的消费群体，要比其他的电商平台更易沉淀用户，用户的活跃度也更高。这种"高互动＋高真实性＋高好评"的社区体验已经成为其他平台难以复制的竞争壁垒，成为小红书的核心竞争力。

概括来说，社交电商这种以人为链接、以人为中心的模式，链接融合了线上与线下、社交渠道与电商平台、品牌方与消费者等零售产业链上的各要素，通过社交功能的引导实现商品销售，为零售企业升级、转化营销策略开辟出新的赛道。

三、新零售——商业模式运营思维

新零售时代，零售企业不仅要进行升级变革，运营思维也需要不断革新，将互联网思维融入消费者、商品、数据等多个方面，形成新零售商业模式运营思维。

（一）消费者思维

新零售时代，消费者成为整个零售活动的核心，消费者的消费观念也在随着社会发展而不断变化。传统零售时代，重构了"一站购物、一次满足"的消费理念以及"快捷便利"的便利店零售理念，满足了消费者对购物便利性的消费需求；而如今随着科学技术的推动，消费场景的多元化，消费者的消费需求、理念也在不断变化，如何通过大数据深挖消费者需求，升级消费体验成为零售企业亟须解决的重要问题。因此，零售行业的发展要求企业要能够结合当前消费者的消费环境、社会需求重构新的消费价值观，以推动零售变革。

（二）商品思维

新零售时代，消费者的一个显著特点是消费需求越来越个性化、多元化。零售企业要打破固有的通过商品寻找消费者的思维模式，在新零售背景下，消费者既可以是商品的使用者，也可以是商品设计的参与者。例如，故宫淘宝上出售的冷宫冰箱贴，创意来自微博粉丝（见图1-6），故宫文创团队采纳后，做出了树脂材质的故宫牌匾立体冰箱贴（见图1-7），这些微博粉丝既是文创产品冰箱贴的消费者，也是设计参与者。

图1-6　故宫淘宝微博关于冷宫冰箱贴的博文示例

图1-7　故宫淘宝售卖的冰箱贴示例

（三）数据思维

新零售时代，应用大数据、云计算等先进的科学技术能够为运营插上腾飞的"翅膀"。零售企业要具有数据思维的意识与能力，打通全渠道数据链条，实现线上线下店铺、社交自媒体内容平台、线上线下会员体系、线上线下营销数据等的全链通，以数据助推选品、陈列、营销活动、库存等全产业链，实现消费者与企业的无缝对接。通过数据化运营，零售企业在营销、采购、库存等多个方面实现成本节约、效率提升。

（四）流量思维

在互联网时代，流量为王，所谓流量是指一个平台或者 App 的浏览量，可以按照日、月、年来计算。通常情况下，流量越高，网站的访问量就越大，意味着网站的价值也就越高。关于网站的流量转化有一个公式：销售额 = 流量 × 转化率 × 客单价。

由公式可以发现，流量是商家发展的关键要素。要想平台汇聚更多的流量，归根结底还是得从消费者角度出发，即要有以消费者为中心的价值导向，围绕消费者真实需求设计产品，这样才能吸引更多流量导入。

（五）跨界思维

近年来，跨界营销的理念与实践不断推陈出新，许多品牌也通过跨界营销实现了再次翻红，重获消费者认可，带来了不俗的销售业绩。例如，作为"国货之光"的晨光文具与央视备受好评的王牌节目《中国诗词大会》联名，向学生们喊出"晨光开学季，发现我的光"口号，传承和发扬中华优秀传统文化，展现出优秀文具品牌的责任与担当。晨光文具借助这次联名，携手康震老师在线上开展"晨光飞花令，我来接招了"活动，国风、亲子、文化等各圈层达人纷纷响应，输出各种优质内容，引发全民参与。全网累计曝光 3 亿次，互动 420 万次，产生了大量 UGC（用户生产内容），在抖音上掀起诗词热。

图 1-8　晨光文具的跨界营销示例

晨光文具的跨界营销，如图 1-8 所示。运用跨界思维，实际上就是跨领域、跨行业的资源整合，通过打破传统行业边界，赋予品牌新的文化理念，迎合市场发展变化的一种跨越式的创新。

※ 协作探究

探究背景

娃哈哈，作为我国著名的食品饮料生产企业之一，始终站在行业的前沿，不断探索和适应新零售时代的发展。其在新零售领域的探索与升级，不仅展现了企业深厚的市场洞察力和创新能力，也为整个食品饮料行业树立了标杆。

在新零售的发展探索中，娃哈哈首先加强数字化转型，通过建立和完善线上销售平台，整合线上线下资源，实现了销售渠道的多元化。企业不仅优化了官方网站和电商平台的购物体验，还积极入驻各大第三方电商平台，如天猫、京东等，借助大数据分析消费者行为，实现精准营销，提升用户体验。其次，娃哈哈在供应链管理上进行了智能化升级，引入先进的物流技术和信息系统，提高了库存周转效率和物流配送速度，确保产品能快速响应市场需求，同时降低了运营成本。通过构建智慧供应链体系，娃哈哈能够更好地适应新零售环境下小批量、高频次的订单需求。此外，为了更好地触达年轻消费者，娃哈哈还实施了一系列品牌年轻化策略，包括推出新品、跨界合作以及社交媒体营销等。例如，推出健康概念饮品，满足消费者对健康饮品的需求；与热门 IP 合作，推出联名产品，增强品牌的时尚感和互动性；在微博、抖音等社交平台上开展创意营销活动，提升品牌影响力。

探究内容

结合新零售发展的趋势和现状，应用 SWOT 分析法，分析娃哈哈在新零售赛道上的发展前景。

探究结果

SWOT 分析法，是将与研究对象密切相关的各种主要内部优势（Strengths）、劣势（Weaknesses）、外部机会（Opportunities）和威胁（Threats）等通过调查列举出来，进行系统的研究与分析，形成指导策略。运用 SWOT 分析法对娃哈哈企业进行分析，分析结果如下。

（1）优势：作为中国知名的食品饮料品牌，拥有广泛的消费者基础和深厚的品牌影响力；拥有多样化的产品线，涵盖饮料、食品等多个领域，能够满足不同消费者的需求，为其在新零售领域的多元化发展提供了条件；在传统零售渠道已经建立了完善的销售网络，同时也在积极拓展线上销售渠道，如电商平台、社交媒体等，形成了线上线下融合的销售模式。

（2）劣势：相对于一些新兴的线上品牌，娃哈哈在电商平台的运营经验相对较少，需要进一步加强线上营销策略的制定和执行；随着新零售模式的不断发展，娃哈哈需要进一步优化供应链管理，提高物流效率和库存周转率。

（3）机会：新零售模式的兴起为娃哈哈提供了新的发展机遇，通过线上线下融合的销售模式，可以进一步拓展市场份额；数字化转型已经成为企业发展的必然趋势，娃哈哈可以借助数字化技术提升生产、销售、服务等各个环节的效率和质量；随着消费者需求的不断变化和升级，娃哈哈可以通过推出新产品、新服务来满足消费者的多样化需求，提升品牌竞争力。

（4）威胁：在新零售市场中，面临来自国内外众多竞争对手的挑战，需要不断提升品牌实力和市场竞争力；消费者口味的不断变化和升级对娃哈哈的产品研发和市场推广提出了新的要求，需要不断关注市场动态和消费者需求变化。

总的来看，娃哈哈的企业发展前景较为乐观，其作为国内食品饮料的领军品牌之一，具有技术先进、品牌知名度高等优势，但也面临着市场竞争激烈、消费者需求变化、新兴品牌侵蚀市场份额等方面的挑战。

任务二　新零售特征

新零售时代的到来，使我国零售企业的经营模式发生了巨大变化："人""货""场"的关系不断发生解构与重组，线上与线下的界限变得模糊，逐渐融为一体；科技赋能，使消费者的消费体验更加极致化；零售产业链上下游的贯通、供应链体系的优化整合，使整个零售产业链上的企业能够实现优势互补、资源共享，打造和谐共赢生态圈。下面我们就从"人""货""场""圈"四个维度介绍新零售的特征。

一、"人"：以消费者为中心

在传统零售经营模式中，零售企业以效率为中心，如何在节约成本的同时生产更多的产品是企业关注的重点问题。而新零售时代，商品的种类变得丰富多样，如何能让商品切合消费者需求，如何能让消费者接受、认可商品是企业关注的重点。新零售模式强调以消费者为中心，企业的经营活动围绕消费者展开，依托大数据、云计算等先进的科学技术，零售企业能够与消费者进行可持续的深入互动，更好地把握核心消费人群的消费习惯、生活方式及潜在需求，为消费者提供更优质的服务体验。

在新零售时代下，随着市场环境变化、消费需求变化，零售的经营内涵也发生了变化，以往人们认为零售只是卖商品，如今人们越来越感受到零售既可以卖商品，也可以卖体验。同时，伴随互联网的快速发展，人们接收信息的渠道更多元化，零售触达消费者的渠道也更丰富、多样，如何让消费者通过优质的服务体验认可品牌并为品牌买单，成为零售企业经营的重要目标。越来越多的零售企业通过线下开设品牌体验馆，展示商品、发布新品、宣传品牌价值、增强消费者与品牌的互动。

（案例 1-2：海底捞的新零售发展探索）

例如，白酒品牌舍得酒业在射洪开设的"舍得老酒馆"（见图 1-9），是以宣传品牌"深度的消费者体验"为使命，集老酒陈列馆、沉浸式体验演出场所、生态文化展示中心、老酒品鉴基地"四位一体"的综合空间，不仅是舍得酒业展示品牌、传播文化的营销新尝试，更是推动老酒战略落地实施、助力品牌提质的重要渠道。

图 1-9　舍得酒业"舍得老酒馆"示例

新零售时代的品牌体验馆，已经从过去的重产品销售转变为集体验、传播、销售、服务等为一体的垂直连接消费者的终端，在一定程度上商品的交易功能已开始退居二线，卖理念、卖价值、卖服务已成为体验馆的核心内容。体验馆的这种经营理念、方向的改变，实际上是对消费者服务理念的一次重构，通过这种文娱活动、消费场景的打造更能调动起消费者的认可，增强品牌与消费者的黏性。同时，在体验馆的打造过程中，大数据、云计算、AI 智能等技术的应用，优化了消费者在找店、商品信息获取、智能选购、排队、付款、停车等环节的体验，AR 游戏等场景类互动更是为消费者的消费过程增添了更多乐趣，加强了消费者与商家的联系。

新零售时代，这种以消费者为中心的服务理念正从商品开发、消费场景打造、服务流程优化、品牌文化输出等多维度贯彻落地。在未来，相信消费者会越来越处于新零售活动的中心，如何用特色的商品、场景、服务、体验等打动消费者，触动消费者的心智，才是最关键的。零售企业要研究消费者的价值观、消费观、消费心理、情感需求等多个方面，并要与企业的商品、定位及文化相融合，切实从消费者的角度出发，为其提供能满足需求的商品、服务、购物环境等，真正实现以消费者为中心。

二、"货"：商品与服务融合

在新零售时代，商品依然是连接零售企业与消费者的桥梁，是支撑整个零售行业的重要因素，没有品质优良的商品，服务和体验就无从谈起。在新零售时代，如何随着消费者需求不断变化进行商品创新，赋予商品全新的引领力是关键。

在传统零售时代，"货"突出的是商品本身，如质量是否合格、种类是否丰富、款式是否吸引人等，重点是商品质量方面；新零售时代，注重提供专业化的商品和服务，数字化运营使库存数据清晰可见，便捷的物流基础设施使调货、配货更便捷，从供应链方面不断提升消费者的购物体验。而在专业化的商品服务方面，零售企业在提供商品本身价值的同时，也在不断探究商品背后的价值，商品的附加价值有时候会比商品本身更具吸引性。

消费者日益个性化、专业化的需求促使更多的垂直领域进行细分。例如，零食品牌良品铺子，它以消费者需求为起点，通过对消费者需求的研究分析，洞察与定义细分用户市场，研发产品，倒推回生产。良品铺子产品研发团队根据用户可产生的场景细分对用户做需求预测、产品研发、订单预测、供应链规划等。在产品研发过程中，注重从产品针对的人群（儿童、孕妇，或者普通大众？）、产品时节（主打情人节、春节还是生日？）、产品任务（它是用来送礼、即食还是待客？）、产品使用场景（是旅途必备，还是办公室陪伴、追剧？）来进行产品的研发确认。针对儿童群体精准研发的食品如图1-10所示。因为不同的消费人群、消费场景必然产生不同的需求，旅行时的零食要考虑收纳性，电影场景的零食必须关注少果壳，朋友聚会的场景需要互娱性，这都是消费场景面对的不同细分零食需求。在新零售时代，细分消费者群体，洞察细分人群的真实诉求，研发切实满足消费者需求的商品，从服务的角度为消费者提供更优质的体验是新零售商品创新的重要途径。

在新零售环境下，零售企业如何将商品和服务进行高度融合从而实现消费者价值最大化？具体可从以下方面入手。

（一）以消费者需求为导向，挖掘商品与服务的价值

新零售的核心思想是"一切以消费者为中心"，因此零售企业要明确消费者的需求，

图 1-10　针对儿童群体精准研发的食品示例

通过深挖商品与服务的价值，最大化地满足消费者。比如，为消费者提供超出预期的商品，将商品的某个方面做到极致（商品的性能、价格、品质等），从而引爆商品销售；或者以消费者需求为中心，通过在商品包装、陈列、优惠组合或微订制等方面的微创新，找到最能打动消费者的需求点，引发消费者兴趣，打造爆款。

（二）注重体验，通过场景式打造深化商品与服务的价值

新零售时代，体验成为商品销售的终极评价体系。现在的消费群体更加注重消费体验的过程，喜欢个性化的服务、独特的体验感受，如智能音箱、扫地机器人等这些能够带来独特体验的商品很容易成为热销品。而消费场景式的打造丰富了商品价值，拓展了服务边界，为消费者带来了更极致的消费体验，典型代表为海底捞。海底捞通过用餐等位时提供免费的水果、零食、饮料、棋牌等娱乐工具，以及免费的美甲、擦鞋服务，用餐时为长发女士提供皮筋、发卡，为戴眼镜人士提供擦镜布等一系列暖心的人性化服务，让消费者有一种宾至如归的体验，形成了以优质服务著称的口碑效应，奠定了餐饮行业龙头地位。

三、"场"：线上线下一体化

零售活动三要素中的"场"即场景，从本质意义上来理解它是指零售活动发生的渠道，是连接"人"与"货"的关键。传统零售时代，"场"的概念主要是指线下实体店，而电子商务的出现重新定义了零售形态，消费者可以通过电商平台随时随地购买自己想要的商品，"场"的概念也从线下延伸至线上。然而这一时期，渠道众多，会员数据不通，渠道与部门之间互相割裂，甚至出现"左右手互搏"，内部相互竞争的这种运营状态严重削弱了消费者的体验，导致大批客户流失。

新零售时代，销售的场景变为线上线下全渠道融合，零售企业通过运用大数据、物联网等新技术实现 PC 端、移动端、实体门店的深度互动，为消费者提供多渠道消费体验，转变了以往渠道割裂、数据不通、彼此竞争、体验不一等现象，形成消费者与渠道或品牌，以及其他消费者之间的互动，消费者在企业的差异化经营中体验到企业打造的极致消费服务，具体体现在以下方面。

（一）实体门店体验再升级

在传统零售时代，消费者进入实体门店，选购商品、支付货款，消费过程的体验感受到实体店的环境、人流、商品本身等的影响；而到了新零售时代，实体店通过各种技术系统的加持加速了消费者的体验升级。比如，在门店部署 RFID 标签应用，消费者可以一目了然地了解商品的基本信息，包括规格、产地、参考价格等商品溯源信息。为了最大化地利用店内空间以及实现客流转化率，商家还可以在店内配备商家 App 购、二维码购、智能触屏购、VR 购、小程序购等多种线上购物场景，让购物变得更方便快捷。

（二）数据赋能，打通线上线下场景

在新零售时代，消费者无论是在线上网店购物，还是在线下实体店购物，消费者在购物过程中产生的消费数据都会被记录下来，成为重要的数据资产，对企业的生产、营销产生重要的指导作用。例如，在实体店购买了商品后，客户的信息会立刻同步在系统内，当客户打开某个社交平台后，该社交平台会第一时间向客户推荐该实体店在这个社交平台上的优惠信息，及时实现线上线下客户信息同步，提高了精准广告投放的转化率，便于精准化营销，提升企业效率。

（三）供应链物流升级，优化物流服务体系

新零售时代，对供应链端产生了三个方面的新需求：

（1）零售企业需要提供更加贴近消费者的物流服务；

（2）实现去库存，将自身库存降至最低；

（3）提高物流的响应速度。

基于此，物流必须结合大数据、云计算、人工智能等新一代信息技术，构建新零售时代供应链模式，为消费者创造更多价值。一是利用大数据技术整合线下门店、线上店铺、社交媒体等不同渠道、不同地区的商品销售情况、库存情况，从而更合理地调货、配货，整合仓储资源，有效降低物流成本，提升消费者体验。二是打造店仓一体化，满足消费者急速送达的物流需求。当线上售出商品后，门店通过自营物流或者合作物流实现门店经营半径 5 千米范围内线上下单 30 分钟送达的服务，提高物流的配送速度，满足消费者对线下及线上业务高效率的需求。

※　概念解读

店仓一体化是指集店铺销售功能与仓库存储功能等为一体，融合线上线下全渠道的多功能门店，它不仅承担着展示商品、销售商品的功能，还兼具仓储、商品分拣、配送等功能。店仓一体化模式的典型代表是盒马鲜生。

四、"圈"：打造和谐共享商业生态

新零售强调企业要具有共享思维，能够把企业的客流、物流、资金流、商品流、信息流等共享出来，实现线上线下、区域之间、总/母公司与分/子公司之间、产业生态链之间的互通，彼此协作运营，优势互补，共享资源，构建和谐共赢的商业生态。

（一）商品互通

商品互通是指实现商品的统一化管理，尤其要强化线上线下商品的价格、订单、库存等信息互通，供应链各环节按照统一标准录入系统，便于商品的数字化分析与调拨。

（二）会员互通

会员互通是实现会员交易的各项数据打通，推动线上线下会员信息互通共享。注意在会员等级设定、积分标准、兑换机制和权益范围等方面实现数据统一，保障会员跨区域、跨店铺甚至跨界享受相同权益。

（三）服务互通

服务互通，强调零售企业在线上线下服务的内容、资讯传递等方面的互联互通，实现服务价值的共享。

（四）数据互通

数据互通是实现全渠道、全方位数据收集，打通线上线下会员数据、交易数据、活动数据等，通过对这些数据的深度分析与研究，挖掘数据中的关键信息，指导新零售运营。

（五）营销互通

营销互通是实现营销的全渠道集中管控，既支持单个店铺和单个区域的独立营销，也支持店铺间和区域间的联合营销。此外还支持消费者间的分销，由消费者分享商品，

传播商品信息，扩大商品影响力，提升商品销量。

（六）区域互通

区域互通是以区域化深耕为基点，精耕区域，让分散的实体终端形成区域化影响力，发挥区域内会员服务、数据服务、终端体验等方面的价值，实现服务互通、终端互联，从而扩大各个实体终端的价值。

※ 协作探究

探究背景

天猫 App 上线 AR 试穿、AR 预览等 3D 购物功能，全面开启沉浸式购物新体验。消费者打开天猫 App，在首页进行下拉操作即可进入 3D 购物空间。在该空间，商品以 3D 形式展现，可以用手指随意旋转，查看细节，可看到的商品包括腕表、首饰、帐篷、电器等，除可以 3D 查看这些商品外，还可以通过 AR 功能将商品放置在现实世界中，预览商品摆放在现实场景中的效果。AR 的出现，为营销带来了更多可能性，它打破了传统营销在展现方式、交互方式上的局限性，增强了营销场景的新颖性、娱乐性和体验性，有效地提升了营销活动的传播率、触达率以及转化率。

探究内容

试分析 VR 技术赋能新零售，其价值具体表现在哪些方面？

探究结果

VR 技术赋能新零售，其价值主要体现在以下四个方面：

（1）提升消费者购物体验：借助 VR 技术，消费者能够在虚拟环境中自由地浏览商品、互动交流、感受商品的实际效果，提高了消费者的购买欲望和满意度。

（2）降低实体店经营成本：VR 技术能够为线下门店提供虚拟展示空间，进而减少实体店的租金、装修和维护等费用，从而降低经营成本，提高经济效益。

（3）丰富商品营销形式：VR 技术能够为商品提供更为立体、直观、全方位的呈现方式，使商品更容易被消费者发现、了解和选择。

（4）提高营销效率：VR 技术能够为消费者提供更便捷、高效、个性化的购物方式，消费者能够更快速地找到自己所需要的商品，提高了营销效率。

任务三　新零售技术

一、大数据赋能——打造数字化零售

大数据是指无法在一定时间范围内用常规软件进行捕捉、管理和处理的数据集合，是需要新处理模式才能具有更强的决策力、洞察力和流程优化能力的海量、高增长率和多样化的信息资产。从某种意义上说，大数据技术的应用促进了新零售时代的到来。其在新零售中的应用流程是这样的：通过平台和渠道采集到大量消费者消费行为产生的数据；然后通过对这些数据的整理、分析，为消费者画像，构建数据模型；最后根据数据分析结论制定产品生产、营销、推广的策略，实现数据化运营，节约成本，提升企业效率。

（一）利用大数据直达消费者

传统零售时代，消费者与企业之间的关系是松散的；新零售时代，大数据的应用使得企业与消费者之间的联系得到加强，企业通过大数据技术收集到更多消费者数据，从不同角度、不同层面帮助企业对消费者进行分析、研究。例如，通过收集消费者的网购数据，对消费者的消费能力、消费内容、消费品质、消费渠道、消费频率等信息进行建模分析，构建消费者画像，挖掘消费者需求，实现针对具体消费者的精准化营销。

借助大数据构建消费者画像，其基本步骤如下：

步骤一，明确消费者画像的方向和分类体系。

明确消费者画像的方向和分类体系是进行消费者画像的第一步，从目前的情况来看，知名零售企业都是在利用人工和大数据系统相结合的方式来为消费者画像，即人工设计消费者画像的方向和分类体系，然后运用相关软件系统进行数据收集、建模和分析。

在这个过程中，企业首先得厘清四个问题："画像的目的是什么？""给哪些消费者画像？""画什么样的像？""消费者画像的分类和预期结果是怎样的？"因为这些问题不是大数据系统自动生成的，需要运营者提出来，否则漫无目的地收集数据会造成资源的浪费。

步骤二，收集消费者信息。

收集消费者信息的方法主要有两种，一是通过与各软件厂商合作购买数据，二是企业技术人员自主收集消费者数据。通常收集的消费者信息主要有三类：

（1）基本面信息，包括姓名单位类、联系方式类、收入资产类、行业地位类、关系背景类；

（2）主观面信息，包括风格喜好类、品牌倾向类、消费方式类、价格敏感类、隐私容忍类、会员体验类；

（3）交易面信息类，包括交易日常类、积分等级类、客服记录类、好评传播类、退货投诉类、竞争伙伴类。

步骤三，构建标签体系，为消费者贴标签。

标签是体现消费者基本属性、行为偏好等的重要标识，可以用于简要地描述和分类人群。通常企业为了全面立体地了解消费者，会从基本属性、社会/生活属性、行为习惯、兴趣偏好/倾向、心理学属性五个维度构建消费者标签体系。标签体系确定后，就可以为消费者贴标签了，同一个消费者可以贴多个标签，也就是说，消费者画像可以用标签集合来表示，各个标签间存在一定的联系。在贴标签时需要注意两点，一是这些大数据要具有针对性；二是该标签是通过大数据分析得出的，不能是某个消费者的某一次消费行为数据。

步骤四，消费者画像验证。

消费者画像验证即验证给消费者贴的标签是否准确。消费者的标签有两种类型，一是有事实标准的，如性别；二是没有事实标准的，如消费者的忠诚度，这就需要通过一些有效的测试方法（如 A/B 测试）来进行验证。

※ 概念解读

A/B 测试是一种新兴的网页优化方法，简单来说，就是为同一个目标制订两个方案（比如两个页面），让一部分用户使用 A 方案，另一部分用户使用 B 方案，记录下用户的使用情况，看哪个方案更符合设计。A/B 测试能够将用户行为分析与网页设计、内容编辑等生产环节直接对接，用测试数据指导生产环节。

（二）立足大数据，指导生产运营

利用大数据，企业可以更深入地了解消费者，通过数据的收集、分析，预测商品消费趋势，优化商品体系，引导商品精细化生产定制，实现零售升级。

1. 分析消费者心理，优化商品体系

新零售时代，消费者的需求更加多样性、个性化，大数据技术的应用能够帮助企业更加精准地洞察消费者需求，根据消费者画像进行客户细分，把握细分客户的需求，实现商品体系的优化。例如，良品铺子借助大数据的精准分析，优化产品体系，包括坚果、海味零食、肉类零食、炒货、红枣干果、话梅果脯、素食山珍等品类，再根据消费场景进行打造，在包装规格、设计等方面钻研，满足各消费群体的零食需求，设计出符合消费者审美偏好的包装，如图1-11所示。

图1-11　"良品铺子"符合消费者审美偏好的包装设计示例

2.收集消费者数据，指导商品销售

利用大数据能够帮助企业精准了解消费者对市场上商品的喜好，帮助企业改进生产决策、营销决策、仓储决策，降低库存率。例如，盒马鲜生借助大数据对不同地区消费群体的精准描绘和差异性分析，根据具体消费群体的口味特点进行商品配给调整，提升商品在各地区的销售量，节约运营成本。

3.运用大数据分析，实现精细化运营

零售企业通过利用大数据对客户、商品、渠道、运营等各维度数据的分析，充分挖掘数据背后的价值，一方面能够进行大数据预测，包括消费者需求预测、商品销售预测、价值转化预测等；另一方面能够为消费者提供精准的个性化广告信息推送，进行精准化营销，最大化地节约运营成本，提高营销效率。

二、人工智能——打造智慧场景

人工智能，作为计算机科学的一个分支，其显著特点是集机器视觉、指纹识别、人脸识别、智能搜索、智能控制、语言和图像理解、专家系统等强大功能于一体。将人工智能技术应用于新零售，是新零售的重要标志之一。总的来看，人工智能主要从"人""货""场"三个维度来为新零售赋能，打造智慧化场景，提升消费者购物体验。

人工智能智慧零售——物联网，如图 1-12 所示。

图 1-12   人工智能智慧零售——物联网示例

（一）"人"：智能管理、智能推荐

人工智能的应用，延伸了零售三要素中"人"的内涵，让零售企业更加精准地获知消费者的需求、喜好、消费习惯、消费倾向、忠诚度等信息，帮助企业构建全方位、无死角的消费者画像，让零售企业在获客、知客、活客、成交整个业务线内实现数据互通，实现数据价值最大化，切实助力销售人员作出销售决策与执行。这是人工智能在消费者智能化管理方面的应用价值。此外，人工智能依托海量数据资源构建的消费者画像，能够指导零售企业从线上场景、线下场景分别为消费者提供更精准的营销内容，满足新零售时代消费者的品质消费和个性化消费需求。例如，丝芙兰用人工智能和 AR 技术为消费者提供虚拟试妆体验，在其数字化概念门店，消费者只需扫一下商品的条形码，即可在虚拟试妆镜"Tap and Try"的屏幕前看到自己的上妆效果（见图 1-13）。

（二）"货"：商品管理智能化

零售企业借助人工智能技术，可以更高效地分析消费者的商品需求量，方便生产制造商据此进行生产与供应，通过控制生产与库存，节约成本避免浪费；同时零售商也能合理、科学地备货、卖货，为消费者提供更能满足其需求的个性化商品与服务。

此外，线下零售店还能通过人工智能技术实现智能货架管理，合理、有效地摆放货品，提升消费者的消费体验。例如，消费者进店后，店内摄像头的人脸识别功能会对消费者进行识别，判断是新消费者还是老消费者。对于新消费者，人工智能能迅速

图 1-13 AR 虚拟试妆示例

制作消费者画像，对其进行精准营销；对于老消费者，人工智能能根据消费者的购物历史及周期为其推荐购物路线。另外，消费者进店后的所有行进轨迹也会被人工智能摄像头记录下来，货架上的压力传感器通过监测消费者拿起、放下商品的情况，判断消费者对货架上商品的喜好情况，进而帮助零售商家优化货架上商品的摆放情况。而当货架上商品缺货或信息展示不合格时，智能货架也会发出提示，提醒零售商家及时补货、优化商品陈列。

（三）"场"：智能供应链和智慧物流

人工智能与大数据的结合应用，让新零售企业在仓储、物流方面的效能得到大大提升，从商品的生产到配送，形成一个完整的全流程智慧化零售业态。智能供应链的应用场景主要表现在以下三个方面：

1. **自动预测备货**

零售企业通过人工智能、大数据等技术对消费者历史购买行为数据、节假日及促销情况、周期性因素分析、商品特性分析等数据结果进行诊断，指导企业预测备货，有效减少库存。

2. **智能选品**

人工智能技术的应用，让零售企业实现了智能化诊断商品品类结构，优化品类资源配置，实现商品全生命周期的智能化管理。

3. **智能仓储**

物流企业搭建全国的分仓共享体系，利用智能物流中的大数据技术实现线上线下库存的共享与统一调配。比如，当系统采集到消费者的收货地址后，预先将商品匹配到最近仓库，为企业推荐最合适的发货仓，减少区域间、区域内部仓库之间的调拨，提高时效性，降低企业成本。

三、云计算——助力零售实现自主化

云计算实质上就是一个网络，从狭义上来说，云计算是一种提供资源的网络，使用者可以随时获取"云"上的资源，按需使用，无限扩展，只需按使用量付费即可；从广义上来说，云计算是与信息技术、软件、互联网相关的一种服务，通过集合各种计算资源，以软件实现自动化管理，只要很少的人参与就能快速提供资源。[①]

将云计算应用于新零售，实现了生产商、代理商、消费者之间的互联互通，解决了传统零售内部结构分散的问题，将独立的系统链接起来，相互协同、高效交流、资源共享，缩短了交货时间。同时云计算的可拓展性、按需付费、集成等特点也帮助企业达到更快的周转和更有效的服务，降低成本，解决了生产商与代理商、平台与消费者、线上与线下信息不对称的问题。云计算提供的这种弹性、灵活的资源管理方式，伴随业务线，延伸到产业链中的各种应用场景，主要体现在以下方面：

（一）数字化运营，为消费者提供更好的消费体验

运用云计算，新零售企业能够依托海量的交易数据、客户数据进行营销渠道拓展与搭建，消费者通过交互界面，在 PC 端、App 等渠道自主购买商品，查询商品信息；同时消费者还可以利用社交功能，建立社群或圈子，加强与其他消费者的交流。依托云计算，零售企业还能够收集和处理各渠道的销售数据以及各渠道的消费者信息，对各区域、各平台的销售、库存、采购等进行调整，优化资源配置，为消费者提供更好的消费体验。

（二）云计算，助力线下服务升级

运用云服务，能够实现各类线下网点资源共享，消费者可根据个人需求，通过PC、手机等联网设备实时了解最近的网点地址、在店人数、在售商品数量与价格、网点活动、消费者评价等信息，消费者也可根据自身情况与商家提前预约消费时间，享受定制的个性化专属服务。

（三）云计算，助力供应链信息整合

云计算这种聚合、分享、协同的特性，让产业链上各方参与者都能够拥有面向终端消费者的各种数据资源，并将其整合利用，尤其是对于供应链端来说，云计算让供

---

① 潘兴华.新零售模式与运营［M］.北京：企业管理出版社，2021.

应链核心企业与上下游企业之间实现采购、销售、物流等环节的协同，以及交易链条上实时信息的传输与共享，端到端数据的汇聚与处理。根据云端提供的信息、数据，从采购到付款各环节的进度、状态一目了然。基于云端的大数据分析，企业可以动态掌握交易对象、合作伙伴的财务健康状况、信用等级、管理水平等。

四、AR/VR——打造沉浸式消费场景

（一）AR 提升消费者的购物体验

AR（Augmented Reality，增强现实），是一种将虚拟信息与真实世界巧妙融合于一体的技术，将其应用在新零售领域，能够帮助零售商从多个维度提升消费者的购物体验，助力消费转化。

目前，很多零售企业运用 AR 技术实现消费者的虚拟试用试穿，解决消费者购物过程中无法判断商品是否适合自己的痛点。例如，宜家推出的 AR 商品 3D 虚拟试用（见图 1-14），让消费者可以在自己家购物，将家具虚拟搁置在家中任何地方，呈现家具的 3D 效果，方便消费者判断家具是否合适，缩短了消费者的决策时间。

（拓展视频 1-1：
AI 数字人的应用）

图 1-14　宜家的 AR 商品 3D 虚拟试用示例

随着 AR 购、AR 购商城的出现，它为消费者带来颠覆式购物体验，使消费者通过 3D 商品的交互展示，身临其境地体验到商品在真实场景内的状况，满足消费者的快乐购物体验，获得一种魔幻的视觉效果，大大提升了消费者选购决策的效率。此外，随着 AR 技术的应用升级，零售企业对消费者购物行为、偏好等的掌握，运用 AR 技术还能够为消费者提供

（拓展视频 1-2：新零售
场景中的 AR 技术）

"量身定制"的个性化商品服务。比如，当消费者拿起手提包时，AR 显示器上会立刻监测出手提包的类型，并显示出众多的肩带等供消费者搭配，打造属于消费者的专属个人手提包。

（二）VR 增强互动式购物体验，提升消费者购物乐趣

VR（Virtual Reality，虚拟现实），集计算机、电子信息、仿真技术于一体，通过计算机模拟虚拟的环境给人以环境沉浸感，获得虚拟环境中最真实的现实世界感受。

将 VR 技术应用于新零售，从目前的研发、实践应用来看，主要集中于 VR 虚拟体验空间的打造。采用 VR 意味着消费者无论身在何处都可以走进虚拟商店，并与虚拟助理（店员或人工智能系统）进行对话，虚拟助理帮助消费者提供个性化推荐、挑选商品并实时展示，帮助消费者做出购物决策。此外，由于虚拟商店的库存空间不会受到物理空间的限制，因此可以展示种类更多、更丰富的商品。

除了 VR 虚拟商店，应用 VR 技术还可以帮助零售企业对虚拟体验进行分析，管理者只需要坐在办公室，就可以完成虚拟巡店，实时掌握商品销售情况。

※ 协作探究

探究背景

"戴森 VR 体验店"应用率先在 PICO 的 VR 应用平台中上线，消费者可以通过 PICO VR 一体机设备及"PICO VR 助手"下载"戴森 VR 体验店"，以全新的方式探索戴森产品。

一般的 VR 应用都是带领用户进入一个奇特的世界，或者是跟随镜头享受一段特别的体验，而"戴森 VR 体验店"就如名字，是给用户呈现一个 VR 空间中的戴森体验店。从 Supersonic 吹风机到 Corrale 美发直发器以及 Airwrap 美发造型器，这个品牌最自豪的产品都在这个体验店中。

跟网页或者 AR 只能看看不同，"戴森 VR 体验店"最大的价值在于互动体验，能够像其他的 VR 应用那样拿起这些产品——用户可以左右把玩感受工业设计和功能性，更能打开开关直观感知手中的科技结晶如何工作。这个过程中，戴森对于产品的各项细节几乎可以说是"毫无保留"。

在"戴森 VR 体验店"中上线的产品，大多与个人护理有关，戴森在这个虚拟空间中设置了头发模型进行演示，就像是现实世界中体验店陈设的假发那样。假如用户拿着的是 Airwrap 美发造型器，那么就可以将其与虚拟的发束进行交互，看到气流技术等如何作用于头发，直观了解产品如何帮助用户打造不同发型效果。

探究内容

"戴森 VR 体验店"如何利用 VR 技术打造新零售消费场景？

探究结果

"戴森 VR 体验店"依托 VR 技术为消费者构建起一个全新的产品体验场景。以前消费者通过实体店、网店的商品展示及视频等了解产品性能，去实体店需要耗费消费者的时间、精力，可能还受限于实体店的地理位置因素无法体验产品，而传统的网店商品展示也不能给消费者带来更具体、真实的产品体验，如今通过"戴森 VR 体验店"消费者可以更深入地体验产品性能，在与产品的互动中更加真实地感受产品功能、了解特性，辅助消费者进行消费决策。因此，"戴森 VR 体验店"的最大特色就是互动性强，消费者通过各种渠道下载"戴森 VR 体验店"后，戴上一体式 VR 头显，仿佛置身在真实的场景中，体验产品带来的独特使用效果。这种极致的购物体验，不断丰富、拓展着新零售的营销场景，极大地促成了消费转化。

※ 政策导引

商务部办公厅印发《智慧商店建设技术指南（试行）》

为深入贯彻党的十九届五中全会、中央经济工作会议精神，落实《中共中央办公厅、国务院办公厅关于印发〈建设高标准市场体系行动方案〉的通知》要求，顺应实体零售转型升级和数字化发展趋势，充分发挥零售业在促进消费方面的作用，商务部办公厅近日印发了《智慧商店建设技术指南（试行）》（以下简称《指南》）。

《指南》主要适用于百货店、超市、便利店业态，明确了智慧商店的定义、建设原则，从信息基础设施建设、服务精准化、场景数字化、管理智能化及保障措施等方面提出了普适性要求，并根据百货店、超市、便利店的各自特点，从服务、监控、采销、仓储、管理等方面提出了分业态要求，供企业参考借鉴。

《指南》中从三个方面对建设内容进行了明确，具体如下：

（一）推动门店场景数字化

鼓励应用 5G、物联网、大数据、云计算、人工智能、虚拟现实等新技术，推动线上线下融合，实施全场景、全链条、全用户、全品类的数字化，深挖信息数据分析，促进价值转化，改善门店经营，提升消费者体验。创新线下应用场景，推进智能导购、智能停车、电子结算、自助收银、电子价签、智能支付、个性定制、虚拟试衣间等智能化、便捷化技术及其设施设备应用。推进线上数字化转型，推广立体展示、网络营销、直播带货、网订店取（送）等新模式。

（二）推动供应链智能化

推动零售流通渠道重构，推广集采集配、统仓统配、反向定制等新模式，打通结算、采购、物流等信息系统数据，利用数据助力降本增效和价值转化，发展柔性供应链、敏捷供应链，促进供应链扁平化、透明化、协同化。强化物流支撑，推广自动订货、组货选货、智能盘点、前置仓、无人仓库、周转筐循环共用，促进降本增效。鼓励第三方数字化服务商进行专业赋能，输出成熟的技术、服务和标准，引导线上线下渠道资源共享，促进商产联动、产销适配，实现"以大带小"和规模化复制推广。

（三）实现服务精准化

运用小程序、App等营销工具，为消费者提供卡券线上发放、全渠道兑换及活动发布、智能推送、积分通兑等数字服务，提升服务水平。鼓励线上导流、线下体验，线上线下流量共享，推动线上线下商品"同标、同质、同价"，统一即时送达服务，提供终端便捷查询、订单跟踪、售后服务等全链条、全流程服务。适应疫情防控常态化需要，发展无接触交易等创新模式。配备智能储物柜、自助租赁设备，实行智能停车、扫码找车等服务。

※ 企业创新

新零售数字化转型的破局之路，屈臣氏线上线下全链路用户运营

屈臣氏为屈臣氏集团旗下零售品牌，在中国拥有4000余家门店和超6500万名会员。近两年私域流量和企业微信火爆，屈臣氏2020年在微信平台上推出云店，直接打通全线门店的货品供应链体系，实现线上线下相结合，打通整条消费通道，同时还提供线下到店取货及送货上门的服务，为消费者带来更大的便利条件，成功实现数字化转型。

1."线上＋线下"组合拳

利用线下门店流量的天然优势，在门店的进出口及收银台，放置引导添加专属美丽顾问的企业微信二维码，向用户介绍添加美丽顾问后可以获得的权益和服务，吸引用户扫码。每个顾问都会带一个企业微信二维码的名牌，然后通过介绍引导用户添加

微信。

通过线下门店导购引流线上。线下导购引导用户添加微信或企业微信成为好友，线上的工具采用"公众号+小程序+小游戏+微信社群+微信直播"，多次与用户互动，增强用户的信任感，同时让用户感受到价值感，全面触达，让用户实现"一站式"看、购、玩的消费路径。

同时，为将公域平台获取的流量逐步引入私域中，屈臣氏通过各种多渠道吸引留存客户，线下门店也提供多样化线下活动和服务，吸引用户，包括免费化妆、SPA体验、30分钟闪送等门店服务，也是屈臣氏有别于其他零售门店，给用户有温度的服务。

2. 公众号+社群+小程序，私域全触点运营

屈臣氏在设置公众号菜单栏时，非常强调福利性质，公众号内容以近期福利优惠和产品推荐为主，引导用户进入小程序商城下单。公众号新人关注即推送新人好礼，吸引用户领取并引导添加顾问，留存于私域流量池。同时，屈臣氏常见的拉新方式是推送"免费领"活动。通过裂变海报分享，设置助力要求，让用户拉新，获得奖励。

3. 社交裂变："值得拼"小程序

屈臣氏还推出社交营销工具——"值得拼"小程序，用户可以通过将购买链接分享给好友，与好友形成拼单，享受指定产品的超低折扣。这一方式可以借助老用户快速拉新，用户制社交方式有持久盈利的能力，可以保证不断裂变，保证商家可以用更低的价格为用户提供高质量的产品及服务，从而锁定用户，创造交易。

（资料来源：网络资料整理）

※ 思政园地

小红书创新生成以女性特点为主的消费闭环

小红书通过从内容到搜索、种草到消费、消费到分享的全链路转化，形成了一个完整的消费闭环。这种模式不仅提升了用户的参与度和黏性，还通过用户生成内容（UGC）的方式，进一步增强了社区的活跃度和互动性。这种独特的创新模式，使小红书与其他平台形成显著区别，彰显了创新与创造的重要性。鼓励学生在学习和生活中勇于尝试新方法、新思路，不断挑战自我，实现个人价值的最大化。

小红书通过鼓励用户分享真实的生活体验、购物心得和情感故事，营造开放、包容、正能量的社区氛围。这种氛围的构建是对社会主义核心价值观中"友善""和谐"的实践，促进了社会正向情绪的传播，增强了用户的归属感和参与度。同时平台上汇

聚的美妆、时尚、旅行、购物心得等内容，不仅满足了用户的消费需求，也传递了健康、理性、绿色的消费观念。引导学生树立正确的消费观念，避免盲目消费和攀比心理，注重个人需求和实际情况，实现可持续消费。

小红书还积极参与公益活动，如环保、教育、扶贫等领域，通过平台影响力传播正能量，引导用户关注社会问题，参与公共事务。这不仅是企业社会责任的体现，也是对社会主义核心价值观中"爱国""敬业""诚信""友善"的践行。

思考：如何看待小红书上分享的生活体验、购物心得及情感故事等内容？

※ 思考与练习

请扫描右侧二维码获取资源，完成相关练习。

（项目一　习题）

项目二　场景电商认知

学习目标

知识目标

1. 了解场景的内涵；

2. 熟悉场景电商的概念、价值及思维模式；

3. 明确新零售电商领域常见的场景应用；

4. 了解传统电商的困境；

5. 掌握场景电商与传统电商的本质区别；

6. 了解传统电商到场景电商的蜕变之路。

能力目标

1. 能够概括场景在新零售电商领域的应用；

2. 能够理解并阐述场景电商与传统电商的本质区别；

3. 能够总结和阐述传统电商到场景电商的蜕变方式。

素养目标

1. 具备与时俱进、开拓创新的互联网思维；

2. 具备场景思维，能够切实地站在消费者角度考虑问题；

3. 具备知识转换能力，能够将场景电商相关知识运用到实际工作中。

学习导图

		一、场景认知
	任务一　场景与场景电商	二、场景电商认知
项目二 场景电商认知		三、场景在新零售电商领域的应用
		一、传统电商的困境
	任务二　传统电商与场景电商	二、传统电商与场景电商的本质区别
		三、传统电商到场景电商的蜕变之路

任务一　场景与场景电商

一、场景认知

自工业革命以来，人们的生产、生活条件发生了质的变化，到了 21 世纪，随着数字经济推动产业变革，互联网、人工智能等技术在多个领域应用，世界新一轮科技革命和产业革命正在深刻改变着世界生产方式和人们的生活方式。人们的需求层次已由物质型、温饱型向更高层次的需求演进，传统的生产、生活场所也与大数据、移动互联网、人工智能、云计算等新兴技术进行升级融合。从传统的场所到新征程的场景，这是人类社会工业时代向数字化时代前进的一次空间革命。

中国在《中华人民共和国国民经济和社会发展第十四个五年规划和 2035 年远景目标纲要》中提出要"加快推动数字产业化""推进产业数字化转型"，这一举措是顺应世界科技革命和产业变革大趋势的战略部署，是打造数字经济新优势的奠基性工作和重要抓手。通过推动产业数字化，促进数字经济与实体经济深度融合，增强我国数字经济的赋能作用，将会显著降低社会成本，提升社会生产力，提高商品附加值，推动我国经济蓬勃发展。

（一）场景的内涵

在营销中，"场景"是一种思维方式，人们利用互联网和移动互联网来不断制作和生成场景，并将这些不同的对象连接起来；在商业中，"场景"是一个既可以是真实的，又可以是虚拟的小世界，这个小世界是由多重维度构建的，包括时间、人物、地点、技术。这里"场景"与商业的销售渠道是不可同一而论的，除此之外，也不能将"场景"等同于供需对接的一个具体情景。在此之上，"场景"也是一种功能体现，"场景"以用户为中心，通过互联网实现高效衔接，通过内容重构产品和用户的衔接。

（二）场景的起源

"场景"原是戏剧、影视领域经常出现的一个概念，是指在一定时间、空间（主要是空间）发生的行为或者人物活动的一种场合与环境。从字面含义来理解，一是指影视剧中在一个单独地点拍摄的一组连续镜头，二是泛指生活中具体的情景。

而如今"场景"一词在互联网行业中被赋予了新的定义。全球科技创新领域的知名记者罗伯特·斯考伯和资深技术顾问谢尔·伊斯雷尔在其 2014 年出版的《即将到来的场景时代》一书中首次提出：未来的 25 年，互联网将进入新的时代——场景时代。场景时代主要依靠五种技术力量，包括移动设备、大数据、社交媒体、定位系统和传感器，科技创新使得移动互联网时代争夺的核心将变为"场景"。

在国内，随着互联网、大数据、云计算、物联网等新兴技术的不断发展，数字化建设成为各行各业转型升级的必然趋势，而"场景"也逐渐发展成为数字化领域的一个热词。《中华人民共和国国民经济和社会发展第十四个五年规划和 2035 年远景目标纲要》，第五篇第十五章"打造数字经济新优势"中指出："充分发挥海量数据和丰富应用场景优势，促进数字技术与实体经济深度融合，赋能传统产业转型升级，催生新产业新业态新模式，壮大经济发展新引擎。"第五篇第十六章"加快数字社会建设步伐"中指出："推动购物消费、居家生活、旅游休闲、交通出行等各类场景数字化，打造智慧共享、和睦共治的新型数字生活。"从某种意义上说，这正式赋予了"场景"一词新的内涵，将数字技术全面融入人们的日常生活和社会交往，打破原有的信息孤岛，解决资源垄断、服务单一、理念陈旧等经营问题，以数字化应用为牵引力，实现行业变革。

例如，唯品会作为国内较早发力移动端布局的主流电商之一，凭着对场景重要性的高敏感度收购杉杉商业集团，布局线下奥莱业务，深度整合线上特卖与线下特卖，瞄准场景化，为步入场景电商时代提供支持。唯品会线下店面如图 2-1 所示。2022 年，唯品会上线了"唯品奢"和"新潮风格"栏目，将全球潮奢品牌带到消费者面前，让消费者通过移动设备足不出户便可下单。

图 2-1　唯品会线下店面示例

（三）场景在新零售电商领域的运用

随着新零售电商领域不断拓展，传统零售门店如果想获得经营效果必须在场景化体验上下功夫，注重消费者的参与、体验和感受，转型成体验型商业模式。很多线下门店消费者不仅可以在店内进行传统的消费，还可以体验门店的额外服务。

例如，相对于传统酒店的单一标准客房体验，亚朵·网易严选酒店开创性地打造了丰富的生活空间场景（见图 2-2），融入了网易严选的 SKU 和严选理念，让消费者不仅可以进行传统的住宿，还可以体验酒店的丰富场景＋超预期体验。除此之外，亚朵·网易严选酒店全方位的软装服务以及逐渐完善的产品线让消费者感受到独特的线上和线下美学生态系统：严选产品被设计师精心布置，通过对色彩、材质和位置的处理，打造出精致独特的立体空间。与此同时，设计师充分调动了网易严选线上 SKU 美学，使其与线下空间美学相融合，把网易严选线上的精选产品布置到线下的酒店场景中，消费者不仅可以体验酒店的软装还可以直接下单把心仪的产品带回家。《第一财经周刊》联合优衣库发布的《2017 年中国新中坚人群品质生活报告》显示，75% 的消费者愿意为更好的服务和互动体验买单，62% 的消费者更加注重在实体店的体验。可见，场景在新零售电商领域的运用不是简单的硬件叠加，而是"硬件＋气氛＋人与人的互动"的综合系统。

图 2-2　亚朵·网易严选酒店示例

1. 硬件配置

想打造出良好的体验式场景，硬件配置与设计是基础性工作。企业要从消费者的需求、喜好角度进行分析，而不是同传统电商那般仅从企业、销售角度去配置营销场景。线下门店打造的智慧体验店，如小米之家是小米公司官方直营零售体验店（见图 2-3），也是小米公司在硬件配置方面做出的有效尝试。消费者在小米之家线下购物时，POS 系统会记录其手机号码并生成米聊号方便售后服务以及对接小米的 MIUI 大数据，从而刻画用户画像以进行精准营销。

图2-3　小米之家示例

除此之外，硬件配置可以提升消费者体验感，带来附加值。人脸识别、AR/VR、智能大屏营销和扫码购等新科技和新零售理念相结合的智慧门店新体验让消费者走出家门，步入线下门店打造的新零售场景，极大提高了客流量。盒马鲜生扫码自助收银如图 2-4 所示。

图2-4　盒马鲜生扫码自助收银示例

2.气氛烘托

企业除了需要拥有良好的硬件配置和设计外，还需要注意氛围的打造。如果没有气氛烘托，店面只拥有冰冷的智能感，就达不到吸引消费者、留住消费者的作用。有效的场景可以营造独特的销售氛围，增强对消费者的吸引。

例如，宜家家居以生活方式为切入点，打造沉浸式场景消费体验，如图 2-5 所示，满足消费者对家居的全方位体验需求，并且利用科技融入生活场景消费，AR 模拟商品消费，解决了消费者体验单调的痛点。

图 2-5 宜家家居沉浸式场景消费体验示例

3. 人的互动

在"互联网 +"时代，流量即王道，产品不再是零售的核心，新的流量入口依靠人与人之间的互动，依托个人社交网络搭建消费场景进行传播和推广，沟通成本降低，效率大幅提高。以社交为中心的社交新零售买家复购率要高于传统电商，且交易的转化率也高于传统电商。消费者不仅能为商家带来销量和利润，还能达到自我价值的实现从而提升满足感。

例如，在小红书社区，用户通过文字、图片、视频笔记等形式，记录、分享生活中的各种体验，如图 2-6 所示，激发用户互动留言，通过"种草""拔草"双向传播，使用户与用户之间产生深度连接，带动后续销售转化。

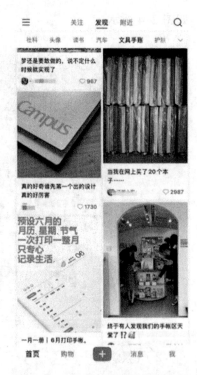

图 2-6 小红书社区用户分享示例

二、场景电商认知

（一）场景电商的概念

场景电商是基于场景需求而促成的线上交易。在互联网行业中，场景指的是被重构的生活画面，即利用大数据、移动设备、社交媒体、传感器和定位系统这五种力量改造原有的场景，制造出新场景。

例如，改造候车的场景。多数的公交站只有相关的站点信息，没有实时的车辆位置信息，导致人们经常会错过公交车，影响出行。因此，精准定位公交车运行信息就是一个非常现实的场景需求。"车来了"App 就是专门针对这种场景打造的（见图 2-7），"车来了"首席运营官曾表示："我们的产品核心其实是解决一个场景。"用户在初期会利用 App 解决最基础的实时查询车辆信息的问题，但是等车并不是一个迅速的过程，用户极有可能会产生其他需求，如查看资讯，听音乐等，所以"车来了"App 抓住了用户需求，改造了用户等车这一场景。

图 2-7　"车来了"App 适用场景示例

（二）场景电商的价值

1. 创新消费决策引导

场景电商的核心价值是创新消费决策引导。在"互联网 +"时代，产品本身的质量和功能逐渐趋同，市场需求更加趋于碎片化、长尾化、多元化和个性化。因此，传统的以"产品"为核心的思维方式已不再符合当下互联网开放、共享思维的电商市场。企业需要在产品研发的环节增加更深入的思考，如在"互联网＋"时代，产品是否能提出有效的场景解决方案。此外，企业必须精准定位产品独特的功能属性，把不同场景中的消费者与产品相连接，从而促使消费者做出决策。

2. 构建消费者获取的场景渠道

场景电商可以基于互联网的分享特质，构建消费者获取的场景渠道。在移动互联网时代，人们被或主动或被动地整合进不同的社群之中，通过彼此之间的社交分享，加强连接，增强信任，以创造出更大的价值。总的来看，新场景的流行是通过人格背书的分享形成的，反映的是社群或者个体之间的信任带来的价值创造。

3. 提升传统渠道的能力

场景电商解决了商品与消费者的连接过程中，物的传递和流转顺畅度问题。比如在传统电商平台搜索一个产品会出现数以万计的 SKU，消费者的认知负担较重，体验也会下降。而场景电商可以触达消费者的精准需求，很多应用场景流量的渠道已经逐渐成长起来，尤其是大多数内容信息流产品的核心，都是切实让消费者感兴趣的场景，比如知乎、抖音等。

（三）场景电商的思维模式

1. 场景思维是什么

在移动互联网时代，场景思维是把自己想象成消费者，置身在消费者所在的场景进行思考，理解消费者在特定场景下的痛点、难点的一种思维方式。这意味着企业要有同理心，能够站在消费者角度进行思考，成为消费者体验的守护者。

例如，理想汽车从家庭用车场景出发，发现随着二孩乃至三孩生育政策的放开，五座车型已经很难满足这类家庭的用车需求。传统的七座车型第一排两座、第二排三座、第三排两座，这样的设计其实对于二孩家庭来说，既不方便放置安全座椅，也不利于大人照顾小孩，而去掉第二排的中间位置改为过道，改良后的第三排更加开阔。这样的设计既满足了四人的舒适乘坐，也解决了六人的应急场景，更使四大两小的乘坐拥有了完美体验。理想汽车六座版车内空间如图 2-8 所示。自理想汽车推出六座车型后，便获得了市场的好评。

2. 场景思维与流量思维

与场景思维相对应的，是流量思维。流量思维是指在价值链各个环节都要"以流量多少"去思考和解决问题。在互联网领域，流量意味着未来可变现的价值，如何开拓引流，积累巨大的流量并实现转化是互联网时代企业关注的焦点，因此具备流量思

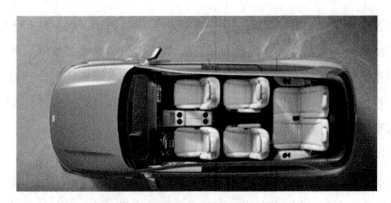

图 2-8　理想汽车六座版车内空间示例

维也是场景电商运营中的一大核心要素。

区别于流量思维，场景思维以客户为中心，从客户的习惯出发，更贴近客户的生活。移动互联网时代，消费者的消费时间无法预测，具有极大的随意性。面对这种形势，企业必须把关注重点放在消费者身上，在碎片化时间里，利用社交场景随时激起移动用户的购买欲望。例如，某运动品牌在其店内开辟至少 15% 的场地作为"体验区"，方便顾客体验、感受店内的商品，同时为了让顾客认可品牌，还会组织顾客活动，促进顾客与品牌互动。这种看似亏本的策略，实际上是对消费者生活场景的深度挖掘，通过选择合适的场景，拉近消费者与品牌的距离，激发消费者的消费热情。

3. 如何运用场景思维

（1）从场景出发，发掘用户痛点

通常对于场景的描述是这样的：特定类型的用户（who）在某个时间（when）、某个地点（where），周围出现了某些事物时（with what），诱发了某种欲望（desire），想到通过某种手段（method）来满足欲望。例如，晚上九点，都市白领下班后着急回家，打算乘坐出租车，结果发现公司楼下等车的人很多，走了一千米来到商圈中心，发现出租车很多，终于坐上了出租车回到了家。在这个场景下，用户的痛点是如何快速地乘车回家，如何实现车与乘客的快速匹配。因此，以用户为中心，从用户的生活场景、娱乐场景、工作场景、学习场景等具体场景出发，通过对场景的解析，能够发觉用户的痛点，进而明确用户需求。

（2）洞察用户场景，满足用户需求

根据用户场景涉及的内容，可以将用户场景分为客观场景、目标场景。客观场景是指用户真实存在、面临的各种客观因素的综合，如上述案例描述。目标场景是指要解决用户在客观场景中的痛点，满足用户的哪些需求。例如，晚上九点下班，张女士提前通过"滴滴打车"App看到公司附近有很多出租车，她输入地址下单后，司机接单，自己根据车辆到达站点的时间提前下楼，顺利坐上出租车快速地回到了家。在这个过程中，数据赋能精准剖析用户场景，挖掘用户客观场景与目标场景间的"距离"，找出解决问题的方法，以满足用户需求。

（3）在运用场景思维进行用户分析时，需要注意以下几点：

①确保场景化过程中以用户为中心。场景化过程中要将消费者的体验做到极致，需要做到"四个一致"，即用户定位一致、用户所处场景一致、满足的需求一致、传播方式一致。

②满足不同场景消费者的需求，这是实现商业价值变现的核心。在场景化电商中，消费场景具象化，商品与服务也更具针对性、个性化，不同的消费场景满足不同的消费人群，这是场景电商能够吸引消费者的重要因素。

三、场景在新零售电商领域的应用

在互联网急速发展的时代，传统的电商模式逐渐失去活性，其在市场中的作用也开始减弱，随着新零售电商的崛起，企业开始重视新零售模式的建设工作，在场景建设上加大布局力度。

1. 新型便利店

传统的便利店作为实体零售，逐渐在互联网时代没落，而新型便利店（见图2-9）作为一种实体零售演化出的新业态正在人们身边悄然兴起，这类新型便利店摆脱了线

图2-9　新型便利店示例

下客流量限制，更多的是满足线上消费者需求，形成"即时配送＋目标用户群体＋运营数据＋策略支持"的商业闭环。例如，位于北京的佳美乐购，就是典型的新型便利店，它拓展了传统便利店卖商品的功能，根据消费者喜好、社区人群分布等因素，匹配商品、拓展商品品类，开拓便利店外卖服务，可以做到"闪电购物、24 小时在线"，满足消费者的即时性需求，依靠科技赋能，新型便利店获得智能数字化良性发展。

2. 同城服务

随着即时零售行业突飞猛进地发展，互联网日益广泛地应用于人们日常生活场景之中，同城快送、外卖平台、打车软件等领域都迎来新契机。例如，本地即时配送平台"达达秒送"就依托智慧物流系统和智配系统，搭建起由即时配、落地配、个人配构成的全场景服务体系，消费者多场景的需求得到满足，更好地为零售业提供更智能化的服务。"达达秒送"配送如图 2-10 所示。

图 2-10　"达达秒送"配送示例

3. 直营模式

依托线下门店，实现"线上引流＋线下履约"的"店仓一体"模式，新零售企业将业务场景与数字孪生能力深度结合，利用新一代信息技术，实现店网融合赋能。直营模式企业与同城物流达成深度合作，进行全域数字化赋能，加速线下门店零售数智化升级。例如，日常生活中大家常见的盒马鲜生，采用前店后仓的模式，用户既可在店内选购，也可在小程序、App 等线上平台下单，平台提供 1 小时内送货到家服务。

（案例 2-1：星巴克的
场景电商探索）

※ 协作探究

探究背景

小米之家既是小米公司官方直营零售体验店，也是小米公司和用户面对面的一个重要平台和窗口，主要销售小米及其生态链产品。自2015年以来，小米之家在全国范围内迅速扩张，成为许多商场中人流量较大、销售额较高的单店之一。

小米之家通过精心设计的店铺布局和产品展示，吸引了大量消费者前来体验和购买。每个店铺平均面积为250平方米，年销售额达到1000万美元以上，显示出极高的坪效（每平方米的销售额）。小米之家不仅是一个购物场所，更是一个粉丝互动的平台。通过举办各种粉丝活动、新品发布会等，小米之家成功地将粉丝转化为忠实顾客，并通过口碑传播吸引更多新客户。

小米之家通过创新性的场景设计，如"点粉丝、燃爆品、烧场景"，将产品展示与消费者体验相结合，提升了购物的乐趣和满意度。例如，在新品发布时，小米之家会设置专门的体验区，让消费者亲身体验产品的魅力。小米之家采用线上线下融合模式，通过小米官网、小米商城等线上渠道与线下门店相结合，提供无缝购物体验。这种模式不仅方便了消费者的购买行为，还增强了品牌的影响力。

探究内容

试分析，小米之家如何运用场景思维？

探究结果

小米之家运用的场景思维，主要体现在以下方面。

（1）门店的场景化设计：通过精心布置的店铺环境模拟日常居家与办公场景，展示产品如何融入消费者生活，如智能家居区展示智能音箱、灯具协同工作，移动设备区则突出手机、穿戴设备的互联互通。

（2）线上线下互动：小米之家定期举办线下新品发布会或技术交流会，通过线上小米社区发布活动信息，吸引粉丝参与，实现线上线下互动，增强用户黏性。

（3）智能场景应用：利用米家App和智能家居设备，打造智能生活场景，如通过传感器实现灯光自动化，提升用户体验。

小米之家通过场景思维的运用，成功地将零售业务与消费者需求紧密结合，创造了高频消费场景，提升了用户体验和品牌影响力。这也展示出场景思维在零售营销中的巨大潜力和实际效果。

任务二 传统电商与场景电商

一、传统电商的困境

传统电商在面对新零售模式的崛起时，正经历着前所未有的挑战与困惑。一方面，消费者对购物体验的需求日益个性化，单一的线上购物已难以满足他们对即时性和互动性的追求；另一方面，物流成本的上升与配送效率的压力，使电商企业利润空间受到挤压。此外，数据安全与隐私保护成为消费者关注的焦点，如何在收集利用大数据的同时保障用户权益，成为亟待解决的问题。面对线上线下融合的大趋势，传统电商亟须转型升级，探索新的商业模式，以期在竞争激烈的市场环境中保持竞争力。

（一）流量成本增加，红利逐渐消失

自阿里巴巴打开电商大门以来，经过多年发展，中国电商持续增长，电商盛世的吸引力就像黑洞，吸引着无数企业和资本前赴后继地涌入电商行业，后来者为了弯道超车，各种补贴、各种活动层出不穷，抢夺流量和用户，线上流量成本直线提升，导致如今的商业环境，线上获取用户的平均成本已经接近甚至超过线下获取用户的成本，线上流量红利走向枯竭。

（二）消费心理转变，注重购物体验

互联网的发展极大地改变了人们的消费习惯和消费场景，丰富的商品也使物质消费呈现了边际效应递减的规律，这些因素聚合赋予这次消费升级新的内涵，人们变得更注重自身精神层面的消费，即体验价值。这种变化，直接影响了人们购买商品的价值评价标准。从前，物美价廉、性价比高是最重要的价值评价标准，品牌推广也是为了强化消费者的价值认知；现在，消费者更愿意为实际物质价值以外的体验支付溢价，甚至把体验价值作为做出购买决定的最重要因素。

（三）消费需求提高，纯电商无法满足

纯电商时代已经过去，任何单一的线上渠道或单一的线下渠道都已经无法满足消费者的消费需求。这种消费升级意味着消费者在基本需求得到满足后，会转向高层级的追求，单一的传统线上购物满足的仅是消费者对产品的需求，而精神上的需求，如在线下实体店对产品进行实时的体验并没有得到满足。

二、场景电商与传统电商的本质区别

传统电商从诞生之日起就存在着难以补齐的明显短板：传统电商的线下体验感缺

失。所以，一种围绕着用户体验形成的全新经营模式"场景电商"应运而生，场景电商与传统电商的区别也显而易见。

（一）重构"人""货""场"

每一次的零售业变革其实质就是"人""货""场"三要素的关系重构。在传统电商时代，电商企业关注的是如何将商品通过网络展示在消费者面前，获得消费者认可，而到了场景电商时代，企业关注的重点放在了消费者消费场景的构建。

（1）"人"是场景电商的重点关注对象，场景电商将用户体验放在了首位，通过对消费者的数字化精准画像分析，设计、生产出符合消费者需求的产品。

（2）与传统电商的人找"货"不同，场景电商时代更为关注产品的 IP 化。在数字消费时代，消费者更加看重情感体验的满足，正因如此，产品的 IP 化会赋予产品更深层次的内涵价值，消费者在接触某个 IP 之前可能并没有消费意识，但是在接触之后在精神世界产生共鸣，消费需求被唤醒，随之可能会产生购买行为。这一行为并不是单次的、偶有的，而是对产品 IP 的认可、追随，从而达到一个可持续的黏性。

以"L.I. 荔"为例，"L.I. 荔"系列是融合广东荔枝与荔小吉品牌衍生出来的数字藏品，如图 2-11 所示。该系列数字藏品从源远流长的荔枝文化中汲取灵感，进行国风创意设计，让香甜的荔枝和其文化内涵在数字世界中得以永久保存。凉茶品牌"王老吉"随之也推出针对"L.I. 荔"的定制服务，消费者购买数字藏品后，可进行荔小吉海盐荔枝饮料的实物定制，如图 2-12 所示，赋予产品独一无二的收藏价值。

图 2-11 "L.I. 荔"系列数字藏品示例

（3）在"场景革命"下，线下、线上、各种智能终端等都成了最好的消费场景。消费者的各种数据都可以被实时上传到云端，数字化技术将线上、线下连接在一起，

图 2-12　荔小吉海盐荔枝饮料实物定制示例

碎片化消费场景（虚拟的或现实的）与各个消费环节实现了深度融合。

（二）运营端：智能化购物体验升级

对于场景电商来说，智慧场景的打造尤为关键，而这一点传统电商涉及得并不深入，因为传统电商的购物场景主要是基于线上平台，没有场景支持，更多的是运营线上店铺。所以，在消费升级背景下，传统电商很难打动消费者，如果传统电商想要挽回劣势就需要融入新技术、设备的智慧型场景，才能让消费者产生情感共鸣，并对其消费决策施加影响。

场景电商智能化购物体验体现在场景化运营上，企业不仅要拥有场景思维，还要掌握前沿技术并进行实践。在思维层面，以消费者为中心的服务理念是场景电商精准对接消费者需求、专注于为消费者创造价值的核心。而技术是打造智慧场景的核心所在，大数据、物联网、人工智能等前沿技术对智慧场景打造进行了全方位支持。大数据技术是通过对消费者海量数据进行收集、整理、分析、应用，对企业进行数据支持；物联网技术则实现了消费者、服务、场景之间的无缝对接，促进消费者和商家之间的交流互动，达成更高的转化；人工智能技术应用深度学习、机器模仿、自然语言处理等技术，帮助企业自动化、智能化、智慧化地管理业务流程，大幅度提升企业运营效率。

（三）供应链端：智慧供应链上线

随着人工智能、5G、大数据、云计算等信息技术的发展，传统电商的供应链体系逐渐暴露出效率和效益提升程度有限、运行成本高昂等弊端，智慧供应链在此背景下应运而生。

传统电商供应链管理模式是以企业为中心，以产品为中心，而场景电商供应链管理模式则强调以消费者为中心，在满足消费者需求的同时获取最大利润。智慧供应链是在供应链管理中引入大数据或使用大数据来升级现有的供应链管理模式，借助先进的技术手段与管理工具对商品、信息、资金流动过程中产生的数据进行及时有效的处理和分析。除此之外，智慧供应链通过物联网技术参与生产、仓储、配送、分销、运输、零售等环节，物流企业可实现对物品的实时追踪和管理，与商品有关联的主体能够即时地共享信息和数据，极大地提高信息流动效率，避免了信息失真的问题。

以京东智慧物流（见图 2-13）为例，京东作为中国领先的电商企业一直以来都重视物流配送。智慧物流从上到下可以分为三个部分，智慧化平台、数字化运营和智能化作业，智慧化平台的运营起着主导作用，数字化运营带动智能化作业，智慧化平台发布的指令由智能化作业负责执行。京东智慧物流体系的这三个层面相互依赖，共同构成了一个高效协同的物流生态系统。智慧化平台作为顶层架构，集成了大数据分析、云计算、物联网及人工智能等先进技术，负责整体策略规划与资源优化配置；数字化运营则聚焦于流程优化与透明化管理，利用数字化工具和系统（如 ERP、WMS、TMS 等）对物流活动进行全面监控和精细化管理；智能化作业则是智慧物流落地实施的关键，京东在这方面的实践包括无人仓内的自动分拣机器人、无人驾驶配送车、无人机投递等。综上所述，京东智慧物流通过智慧化平台的策略引领，数字化运营的精细管理，以及智能化作业的高效执行，不仅重塑了自身的物流体系，也为

图 2-13　京东智慧物流示例

整个电商及物流行业树立了智慧物流的标杆，推动了物流行业的现代化转型。

三、传统电商到场景电商的蜕变之路

近年来，传统电商行业发展呈现放缓态势，"关店潮"的影响仍旧在持续加深，传统线上店铺的转型迫在眉睫。在此背景下，场景电商模式增势强劲，在"互联网+"时代，传统电商向场景电商转型势不可挡，传统电商可以从以下几个方面展开行动。

（一）采取"优质低价"战略

深入线下区域市场，开展"低价"战略，积极获取消费者对产品的反馈数据，对产品的原材料、制作工艺、包装等多方面进行优化。对产品质量进行严格把关，依靠优质的产品吸引更多消费者，并尽力降低退货率，从而减少在物流配送环节的成本消耗，将价格与运营效率做到极致。例如，名创优品通过总部统一对投资商的店铺进行装修、供货和管理，保障了商品的优良品质，同时统一的定价也使名创优品商品质优价廉的形象深入消费者心中。名创优品线下门店如图2-14所示。

图2-14　名创优品线下门店示例

（二）实现线上线下深度融合

随着整个电商行业的多业态布局，线上与线下的概念开始变得模糊，传统电商与场景电商逐渐融合发展。电商行业的竞争不再是线上与线下的竞争，更多的是凭借服务能力展开竞争。数据统计显示，2022年，中国社会消费品零售总额439733亿元，网上零售额137853亿元，换言之，目前线下销售在零售行业仍占据主导地位。可见，线下市场是传统电商行业重整旗鼓的一个突破口，线下体验店通过互联网、大数据、云

计算等高科技技术赋能，实现了商品生产、采购、营销、服务等全流程的数字化管理，提高企业效率。例如，步步高集团采用"超市＋线上模式"，与微信支付合作，推出多种形式的线上＋线下结合发展模式，如线下门店消费与手机支付相结合的模式、消费者在网上下单后由实体店负责配送的模式等，提升消费者体验。

（三）满足消费者个性化需求

随着消费者的购物需求及消费习惯逐渐发生调整，消费者对于个性化及优质购物服务体验的追求呈爆发式增长。以交易为核心的传统电商逐渐无法满足消费者的个性化需求，越来越多的电商平台逐渐转型为以消费者为核心的场景电商模式，通过数字赋能让消费者的消费体验变得更极致，更人性化，比如 AR 试用、智能推荐等。

场景电商模式要求商家要与消费者建立情感连接，通过人性化服务打动消费者。传统电商想要在这场新零售转型中生存下来，最为关键的就是能够满足消费者个性化需求。例如，年轻一代追求精细化的健康养生，迫切需要能满足自身健康需求的更细分、更具个性化的健康产品。这时，屈臣氏捕捉到年轻人健康消费新风向，借助小程序跨境购模式推出跨境购服务，为消费者提供更多跨品类、跨品牌的优质健康产品组合，并且因为很多健康类产品较为私密，屈臣氏也会培训柜员，为消费者提供更为专业化、一对一的服务。

※ 协作探究

探究背景

2022 年 8 月 27 日，华为智能生活馆，上海四店同开。门店覆盖传统手机产业、新能源汽车产业，每个模块之间递进互补、相辅相成，构建移动办公、影音娱乐、运动健康、智慧出行、智能家居等生活场景，让消费者置身在多个场景中体验万物间的智慧联动，感受真正的全新的鸿蒙生态、万物互联的智慧生活。比如在此门店内，消费者可以通过华为的 AI 技术与商品互动，感受智慧零售的魅力；还可以用手机扫描商品二维码，了解商品详情、规格和使用说明等信息。此外，华为还引入了虚拟现实技术，消费者可以通过头戴式设备体验 3D 虚拟购物，选择心仪的商品并轻松下单。

华为智能生活馆的体验式消费场景，将数字技术和传统零售相结合，为消费者带来全新的购物体验。这样的体验可以增加消费者的参与感和满意度，进而提高消费者的忠诚度和购买率。同时，这也提升了华为的品牌形象和知名度，能够吸引更多潜在消费者前来体验、消费。

探究内容

结合探究背景，分析华为智慧门店是如何打造用户场景，优化用户服务体验的？

探究结果

华为智能生活馆主要从以下两个方面来打造用户场景，优化用户服务体验：

（1）根据生活场景，打造消费场景。在门店内，根据消费者的多种生活场景，从产品品类出发，构建移动办公、影音娱乐、运动健康、智慧出行、智能家居等消费场景，让消费者置身多元化的生活场景体验智慧联动的魅力。

（2）技术赋能，为用户提供极致化的消费体验。在智能生活馆内，AI、VR、AR等新技术的应用，为消费者带来全新的消费体验，丰富了消费者的产品认知，也让消费者获得更强的参与感。

※　政策导引

《关于推动实体零售创新转型的意见》

2016年，国务院办公厅印发《关于推动实体零售创新转型的意见》（以下简称《意见》），对实体零售企业加快结构调整、创新发展方式、实现跨界融合、不断提升商品和服务的供给能力及效率做出部署。

《意见》从调整商业结构、创新发展方式、促进跨界融合三个方面明确了创新转型的9项主要任务。

一、调整商业结构

（一）调整区域结构。支持商业设施富余地区的企业利用资本、品牌和技术优势，由东部地区向中西部地区转移，由一二线城市向三四线城市延伸和下沉，形成区域竞争优势，培育新的增长点。支持商务、供销、邮政、新闻出版等领域龙头企业向农村延伸服务网络，鼓励发展一批集商品销售、物流配送、生活服务于一体的乡镇商贸中心，统筹城乡商业基础设施建设，实现以城带乡、城乡协同发展。

（二）调整业态结构。坚持盘活存量与优化增量、淘汰落后与培育新动能并举，引导业态雷同、功能重叠、市场饱和度较高的购物中心、百货店、家居市场等业态有序退出城市核心商圈，支持具备条件的及时调整经营结构，丰富体验业态，由传统销售场所向社交体验、家庭消费、时尚消费、文化消费中心等转变。推动连锁化、品牌化企业进入社区设立便利店和社区超市,加强与电商、物流、金融、电信、市政等对接,发挥终端网点优势,拓展便民增值服务,打造一刻钟便民生活服务圈。

(三)调整商品结构。引导企业改变千店一面、千店同品现象,不断调整和优化商品品类,在兼顾低收入消费群体的同时,适应中高端消费群体需求,着力增加智能、时尚、健康、绿色商品品种。积极培育世界级消费城市和国际化商圈,不断深化品牌消费集聚区建设,进一步推进工贸结合、农贸结合,积极开展地方特色产品、老字号产品"全国行""网上行"和"进名店"等供需对接活动,完善品牌消费环境,加快培育商品品牌和区域品牌。合理确定经营者、生产者责任义务,建立健全重要商品追溯体系,引导企业树立质量为先、信誉至上的经营理念,加强商品质量查验把关,用高标准引导生产环节品质提升,着力提升商品品质。

二、创新发展方式

(一)创新经营机制。鼓励企业加快商业模式创新,强化市场需求研究,改变引厂进店、出租柜台等传统经营模式,加强商品设计创意和开发,建立高素质的买手队伍,发展自有品牌、实行深度联营和买断经营,强化企业核心竞争力。推动企业管理体制变革,实现组织结构扁平化、运营管理数据化、激励机制市场化,提高经营效率和管理水平。强化供应链管理,支持实体零售企业构建与供应商信息共享、利益均摊、风险共担的新型零供关系,提高供应链管控能力和资源整合、运营协同能力。

(二)创新组织形式。鼓励连锁经营创新发展,改变以门店数量扩张为主的粗放发展方式,逐步利用大数据等技术科学选址、智能选品、精准营销、协同管理,提高发展质量。鼓励特许经营向多行业、多业态拓展,着力提高特许企业经营管理水平。引导发展自愿连锁,支持龙头企业建立集中采购分销平台,整合采购、配送和服务资源,带动中小企业降本增效。推进商贸物流标准化、信息化,培育多层次物流信息服务平台,整合社会物流资源,支持连锁企业自有物流设施、零售网点向社会开放成为配送节点,提高物流效率,降低物流成本。

(三)创新服务体验。引导企业顺应个性化、多样化、品质化消费趋势,弘扬诚信服务,推广精细服务,提高服务技能,延伸服务链条,规范服务流程。支持企业运用大数据技术分析顾客消费行为,开展精准服务和定制服务,灵活运用网络平台、移动终端、社交媒体与顾客互动,建立及时、高效的消费需求反馈机制,做精做深体验消费。支持企业开展服务设施人性化、智能化改造,鼓励社会资本参与无线网络、移动支付、自助服务、停车场等配套设施建设。

三、促进跨界融合

（一）促进线上线下融合。建立适应融合发展的标准规范、竞争规则，引导实体零售企业逐步提高信息化水平，将线下物流、服务、体验等优势与线上商流、资金流、信息流融合，拓展智能化、网络化的全渠道布局。鼓励线上线下优势企业通过战略合作、交叉持股、并购重组等多种形式整合市场资源，培育线上线下融合发展的新型市场主体。建立社会化、市场化的数据应用机制，鼓励电子商务平台向实体零售企业有条件地开放数据资源，提高资源配置效率和经营决策水平。

（二）促进多领域协同。鼓励发展设施高效智能、功能便利完备、信息互联互通的智慧商圈，促进业态功能互补、客户资源共享、大中小企业协同发展。大力发展平台经济，以流通创新基地为基础，培育一批为中小企业和创业者提供专业化服务的平台载体，提高协同创新能力。深化国有商贸企业改革，鼓励各类投资者参与国有商贸企业改制重组，积极发展混合所有制。鼓励零售企业与创意产业、文化艺术产业、会展业、旅游业融合发展，实现跨行业联动。

（三）促进内外贸一体化。进一步提高零售领域利用外资的质量和水平，通过引入资本、技术、管理推动实体零售企业创新转型。优化食品、化妆品等商品进口卫生安全等审批程序，简化进口食品检验检疫审批手续，支持引进国外知名品牌。完善信息、交易、支付、物流等服务支撑，优化过境通关、外汇结算等关键环节，提升跨境贸易规模。鼓励内贸市场培育外贸功能，鼓励具有技术、品牌、质量、服务优势的外向型企业建立国内营销渠道。推动有条件的企业"走出去"构建海外营销和物流服务网络，提升国际化经营能力。

※ 企业创新

从亚朵的睡眠枕头热销，洞悉场景营销的深度魅力

在当今这个竞争激烈的消费市场，如何让产品脱颖而出并触动消费者的心弦，成为众多品牌面临的挑战。亚朵酒店，一个以"人文、温暖"为核心理念的中高端酒店品牌，以其独特的场景营销策略，成功将一款睡眠枕头打造成了现象级爆款，不仅为品牌赢得了广泛的关注，更揭示了场景营销在塑造产品差异化价值中的深度魅力。

亚朵的睡眠枕头之所以能卖爆，首先得益于其精准的场景定位。亚朵星球不仅服务于酒店商旅人群，更是将目光投向了广大的"睡眠人群"，尤其是那些注重睡眠质量的脑力劳动者。这些人群在白天高饱和工作后，往往面临失眠的困扰。亚朵的睡眠

枕头，正是针对这一场景需求，通过推出"深睡房"和"一键深睡"功能，利用灯光、隔音等环境优化，营造出适宜睡眠的场景，从而自然引出其精心设计的睡眠枕头。这一系列动作，实质上构建了一个全方位的睡眠解决方案，使消费者在体验过程中自然联想到亚朵品牌与优质睡眠的紧密关联。

其次，亚朵的场景营销不仅停留在产品定位上，更在实际操作中得以体现。亚朵酒店大堂内的枕头展示，无疑为消费者提供了一个直观的体验场景。消费者在办理入住时，就能亲身感受到亚朵枕头带来的舒适感。这种沉浸式的体验，让消费者对产品产生了强烈的购买欲望。

此外，亚朵还通过线上线下的全渠道营销，进一步提升了场景营销的效果。无论是在天猫、京东等电商平台，还是在抖音、小红书等内容平台，亚朵都通过精准的内容推送，向消费者传递了"深度睡眠"的理念。同时，线下超过600家亚朵酒店的体验空间，也为消费者提供了便捷的购买渠道。亚朵财报数据显示，"深睡枕 pro"在2023年累计销售超120万只。若以该产品零售价309元 / 只估算，亚朵单在卖枕头上的营收，就超过3.7亿元。

综上所述，亚朵的睡眠枕头之所以能卖爆，关键在于其精准的场景定位和全渠道的营销布局。亚朵通过场景营销，成功地将产品与消费者的需求紧密结合，实现了品牌与市场的双赢。

（资料来源：网络公开资料整理）

※ 思政园地

京东的新零售场景搭建

京东新零售场景的搭建与运营，不仅是商业策略的成功实施，也展现了现代企业在追求经济效益的同时，对社会价值的贡献和对正确价值观的弘扬。

首先，京东新零售模式强调全场景消费转换和"人""货""场"重构。通过大数据和人工智能技术的应用，京东能够更好地理解消费者需求，提供更加精准的服务。这种以消费者为中心的服务理念，是对以人为本发展思想的具体实践，也体现了企业对社会责任的积极履行，即在追求经济效益的同时，注重社会效益，不断满足人民日益增长的美好生活需要。

其次，京东新零售模式促进产业升级，带动了上下游产业链协同发展，特别是支持中小微企业融入数字生态，有助于解决就业问题，推动实现共同富裕目标。这种做法响应了国家关于促进实体经济与数字经济深度融合的政策导向，展现了企业作为市场经济主体，在经济发展中的积极作用和社会责任。

最后，京东新零售场景的搭建，最终目的是提升消费者的福祉。通过提供更加便捷、高效的购物体验，京东满足了消费者多样化的需求，提高了消费者的生活质量。同时，京东还通过品质保障、售后服务等措施，保障了消费者的权益，增强了消费者的信任感。这种注重诚信体系建设，强化知识产权保护，营造公平竞争的市场环境的做法，与社会主义核心价值观中的诚信、法治等理念相契合，有助于构建良好的商业生态，提升全社会的道德水平和法治意识。

思考：假如你是一名京东线下实体店的导购人员，你将如何践行以消费者为中心的服务理念？

※　思考与练习

请扫描右侧二维码获取资源，完成相关练习。

（项目二　习题）

项目三　新零售场景应用

🔖 学习目标

知识目标

1. 了解线下便利店的概念和新零售下的线下便利店；

2. 熟悉传统社区便利店转型升级的方式；

3. 了解同城服务的概念和新零售下的同城服务；

4. 熟悉常见的同城服务平台；

5. 了解直营模式的概念和新零售下的直营模式；

6. 熟悉新零售下的直营模式特点。

能力目标

1. 能通过自主收集资料，了解、分析新零售下的线下便利店常见应用；

2. 能够结合新零售下直营模式的特点，探索提升客户服务的营销策略；

3. 能够概括分析新零售下的直营模式应用。

素养目标

1. 具备新零售思维，能够理解新零售下常见的应用场景；

2. 具备创新意识和开拓精神，能够将新零售理论知识与实际案例结合，全面提升对新零售的认知。

学习导图

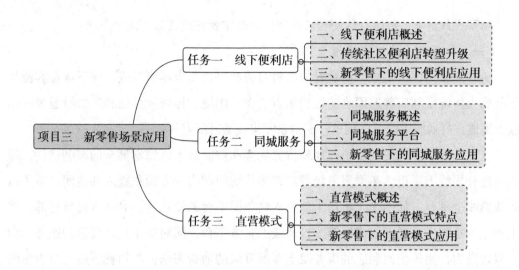

任务一 线下便利店

一、线下便利店概述

（一）线下便利店的概念

线下便利店是位于居民区或办公区附近实体零售店铺，主要经营食品、饮料等即时性且消费频次高的商品或服务，一般占据着较好的位置，以满足消费者的便利性需求为服务宗旨。

（二）新零售下的线下便利店

新零售是以消费者体验为中心的商业模式，核心是满足消费者不断变化和日益提升的消费需求，线下便利店正好满足了新零售商业中对于用户的精准定位和提高用户体验的需求。正是基于此，线下便利店虽然在传统零售行业受到线上消费市场冲击，市场份额不断紧缩；但在新零售的推动下，线下便利店却重新焕发生机，成为实现新零售策略的重要场景，使电商巨头、零售企业纷纷入局参与线下便利店的布局。

新零售下的便利店以线上线下融合发展的模式，通过立足社区，为消费者提供食品、杂货等海量优质商品，同时还可提供打印、快递、智能充电宝等多项便民服务，全方位满足社区消费者的生活需求。这种模式的便利店打通了线上平台和线下门店，既能到店购物，满足用户即到即买的需求；又可以通过线下门店为线上引流，利用线上平台向客户展示更丰富、更全面的商品和服务信息，实现一举多得。

二、传统社区便利店转型升级

新零售背景下，传统社区便利店的转型升级主要体现在以下两个方面：

（一）打通线上线下多渠道

随着互联网快速发展，消费者的消费习惯和消费需求不断升级，线下零售客流量下降成为传统便利店普遍面临的经营痛点。面对困境，传统社区便利店纷纷通过开拓线上渠道，打通线上线下多渠道，探索新零售转型升级路径。

立足社区，传统便利店把握地理位置优势和供应链系统稳定健全的有利条件，纷纷通过开发线上渠道，拓展服务场景。许多传统便利店一方面积极入驻美团、饿了么等成熟线上平台，如图3-1所示为部分入驻美团平台的便利店；另一方面自行部署线上商城、小程序、智能触摸屏等，打通线上多方平台，同时提供外送到家的服务，激发消费潜力，使传统便利店的服务跟上逐渐升级的消费需求，与消费者建立全方位的沟通渠道。

图3-1 传统便利店入驻美团平台示例

（二）拓宽服务场景

随着新零售的深入发展，传统便利店的意义已大于一家单纯的商店，便利店的服务场景也不再局限于传统实体零售业态范畴，而是全方位探索门店经营的方式，赋予了更多的社交营销、配送功能。传统便利店通过与电商企业合作，提供社区团购商品存储和取货等服务，拓宽了服务场景，增强了消费者的消费体验，同时有利于将更多消费者吸引到店内消费。社区团购便利店自提点如图 3-2 所示。

图 3-2　社区团购便利店自提点示例

近两年，社区团购迎来了爆发式发展，便利店的位置优势也使其成为社区团购无法忽视的重要合作对象。与此同时，社区团购平台涌现出不少发展良好的头部企业，其中不乏以原有的便利店为基础的平台，如永辉旗下的"永辉生活"、苏宁小店的"苏小团"等。社区便利店本身以熟客居多，有一定的群众基础，加上天然的仓库优势，便利店店主就毫无疑问成为社区团购团长的合适人选，消费者通过社区团购平台线上下单，线下便利店自提，既省时又方便。

传统便利店还通过规整店内空间，空出部分空间以提供快递代收和代寄服务，如图 3-3 所示，不仅方便了便利店所辐射社区居民的生活，还提高了便利店的人流量和营收。这种拓宽服务场景的方式可以从多个方面服务社区居民，有利于与消费者建立更为亲密的互动关系，真正成为消费者方方面面都离不开的便利店生活提供者。

图 3-3 便利店快递代收示例

三、新零售下的线下便利店应用

（一）加盟轻资产模式

在新零售浪潮下，互联网电商巨头也纷纷以各种形式入局便利店行业，具有代表性的有天猫小店（2023 年 9 月后在部分省份开始试行升级为羚里小店）、京东便利店等，这些便利店先后走进各大城市社区，通过线下便利店来延伸更多服务。京东便利店、天猫小店以加盟为主的轻资产模式，颠覆了传统"夫妻店"的模式，并迅速复制，实现了品牌便利店的"遍地开花"。

京东便利店（见图 3-4）依托京东的品牌、供应链、运营能力等，吸引传统便利店加盟，一方面为其提供供货服务，另一方面通过京东集团资源优势提供场景化

图 3-4 京东便利店示例

运营服务,实现门店快速扩张。为了吸引更多的便利店加入,除了缴纳质保金之外,京东并没有制定特别严格的门槛,也不强制要求便利店商品进货全部通过京东渠道,店铺的位置、口碑等通过京东考察后,京东会给店主提供货源、品牌、仓配等一系列配套设施,并根据消费场景需求提供差异化选择,实现传统便利店的全面改造升级。

（二）社区服务站模式

很多传统便利店不仅提供商品销售,还扩展成社区服务站,增加如票务、快递代收发、洗衣、复印等增值服务,满足社区居民多元化的生活需求,增强消费者黏性。这种社区服务站模式的便利店从某种意义上来说,是零售电商发展的产物,是电商在人们生活中的服务延伸。

（三）平台合作模式

一些便利店与美团、饿了么等本地生活服务平台合作,作为流量入口和配送服务的补充,借此扩大线上曝光,实现即时配送服务,同时共享消费者数据以优化库存和提升消费者体验。如图3-5所示为美团的便利店板块,消费者可以享受在线购物线下配送的服务,也能够提高便利店的销量。

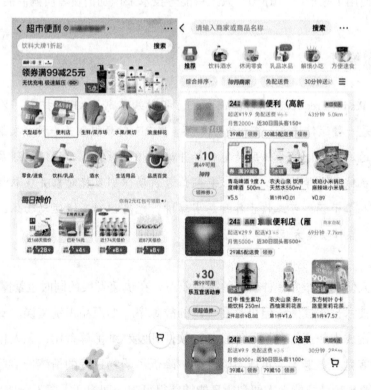

图3-5　美团的便利店板块页面截图

（四）智能无人便利店模式

智能无人便利店通过技术升级实现了自动化、智能化管理，消费者可通过自主结算取代收银员的收款流程，减少人工干预从而降低运营成本；同时，由于降低了便利店的库存量，从而降低店铺的面积，节约租金成本，有效提升了店面坪效。

相比传统便利店，智能无人便利店的应用呈现出以下特点：

1. 更便捷的用户体验

智能无人便利店整体环境上更加智能和科技，从进门扫码、人脸识别唯一身份、电子价签显示专属的会员价格，为消费者带来更便捷的购物体验。

2. 更低的运营成本

智能无人便利店具有占地面积小、选址灵活等特点，有些智能无人便利店还自带升降系统，能随时移动位置，相比传统便利店，减少了装修和拆迁所造成的损失、店铺租金等多项成本。

3. 更新的技术支撑

智能无人便利店对于技术的要求更高，自助收款机设备及方案、RFID（射频识别）及识别方案、数据采集和防盗方案等都需要大量新技术的支撑。目前运营的智能无人便利店大多使用了条形码、RFID、人工智能等技术来识别消费者所购商品。

※ 概念解读

RFID（Radio Frequency Identification），即射频识别，RFID 技术，又称无线射频识别技术，是一种通信技术，俗称电子标签。RFID 射频识别是一种非接触式的自动识别技术，可通过无线电信号识别特定目标并读写相关数据，而无须识别系统与特定目标之间建立机械或光学接触，它通过射频信号自动识别目标对象并获取相关数据，识别工作无须人工干预，可工作于各种恶劣环境，也可识别高速运动物体，并能同时识别多个标签，操作快捷方便。

智能无人便利店作为一种新兴的零售业态，在快速发展的同时也暴露出一些问题：例如，虽然技术日益成熟，但仍存在一定的故障率，如商品识别错误、支付系统故障等；初期建设成本较高，包括硬件设备、软件开发和维护等费用；无人化的服务模式对于部分顾客尤其是老年人可能不够友好，降低了购物过程的情感价值等。从企业的角度来看，要想运营智能无人便利店且能够获得可观的回报还需要不断地去探索。

※ 协作探究

探究背景

位于北京地铁 7 号线欢乐谷景区站的"京轻智能便利店"，占地面积约 30 平方米，整个门店在售的商品约有 500 种。

便利店入口处有详细的购物流程说明。首次进入购物，需要扫描"一轻优选"的小程序，授权自动支付或者刷脸支付后产生二维码，再通过扫描该二维码进入店内；选好商品，到支付环节时，直接靠近出口的机器，小程序就会自动结算。消费者称整个结算过程非常快捷。当消费者走到出口时，出口的门随即打开，手机小程序提示付款完结。

由于店面空间不大，一次无法容纳多人同时购物，如遇到多人排队，机器可能出现错误识别、不能识别等情况。但该店旁边的一名值守人员称，目前出错率非常低。

探究内容

"京轻智能便利店"体现出来的智能无人便利店模式的特点有哪些?

探究结果

"京轻智能便利店"作为典型的智能无人便利店，体现出智能无人便利店模式的以下特点:

（1）更便捷的用户体验。消费者通过扫描二维码即可进入店内，靠近结算机器，小程序就会自动结算，为消费者带来更便捷的购物体验。

（2）更低的运营成本。京轻智能便利店占地约 30 平方米，在店面设计、装修等方面节省了成本，同时通过智能化管理也有效降低了人力成本。

（3）更新的技术支撑。京轻智能便利店依托先进的技术，如人脸识别、图像识别等技术实现商品的快速结算、即拿即走，节约消费者的购物时间，为消费者带来极大的便利。

任务二 同城服务

一、同城服务概述

（一）同城服务的概念

同城服务以一座城市作为划分，从快递代取、代缴水电气费等跑腿帮办，到餐饮外卖、蛋糕预订等日常需求，再到家居维修、房间保洁等上门服务，渗透到城市生活的方方面面，对人们的日常生活影响深远。

随着在同城服务产业链中分量占比较大的外卖服务竞争白热化，同城服务的目光逐步聚焦于更日常的生活类服务，比如快递送上门、跑腿服务到家、每日垃圾上门回收等，为消费者提供更细微的生活服务，进一步外延同城服务场景，延伸更广阔的消费领域。

（二）新零售下的同城服务

在新零售背景下，越来越多的同城服务应用场景被激发出来，一方面，通过为消费者提供同城生活圈"一站式"购齐生活服务的同城零售服务蓬勃发展，尤其是社区团购、多业态整合的同城零售模式持续升级；另一方面，无论是一些专门的同城快递服务，还是日常生活中的同城跑腿、同城货运等服务，这些同城配送类服务已经成为新零售背景下被广泛关注的应用场景。

随着消费需求的升级和新零售的深入发展，同城服务应用场景越来越受到关注，零售领域各大企业纷纷布局同城服务业务。例如，饿了么从餐饮外卖平台升级为解决用户身边一切即时需求的生活服务平台，并可提供超市便利、跑腿代购等同城服务；又如，专注同城服务领域的达达集团，其旗下达达秒送入驻全国各大城市，专注同城即时配送；再如，京东到家提供本地即时零售，持续快速下沉，为消费者提供安全优质的同城服务。从新零售概念被提出到近几年的火热发展，线上线下的新零售大战持续升级，更接近消费者生活场景的同城服务也持续得到关注。

二、同城服务平台

（一）综合类平台

综合类平台是指在一个电商平台中同时经营不同种类的商品或者提供不同类型的服务。常见的同城服务综合类平台包括美团、饿了么等。

1. 美团

美团是一个以"零售 + 科技"为战略的综合性平台，旗下业务包括美团、大众点评、美团外卖、美团买菜、团好货等。

在新零售背景下，美团是以"吃"为核心搭建起的一个本地生活服务超级平台，同时扩张了业务边界，囊括了外卖、电影、打车、买菜、酒店、娱乐等业务，在后期运营过程中，美团全面升级配送平台，加快整合布局，陆续推出了美团优选、美团闪购、美团买菜等多项同城服务业态，基于"到店团购、外卖及闪购"等本地生活业务体系，构建起了"万物到家"的同城零售业态。

2. 饿了么

饿了么是一款本地生活平台，主营在线外卖、商品零售、即时配送和餐饮供应链等业务，整合了线下餐饮品牌和线上网络资源，用户可以方便地通过手机、电脑搜索周边餐厅，在线订餐、享受美食。

随着消费升级，饿了么也进行了全面的升级，从早期的餐饮外卖平台升级为解决用户身边一切即时需求的生活服务平台，从送餐升级到提供同城生活全方位服务、个性化推荐、内容化互动以及会员体系升级，以全新的方式打造了"身边经济"。简单来说，就是以前送外卖，现在送"万物"。从品类上看，商品和服务都可以送到家，除了鲜奶、母婴玩具、美妆、书籍文具、体育装备等零售商品外，美甲、美容、家政、保洁等项目也实现送服务上门。

（二）垂直类平台

垂直类平台是指专注于某一个大的类别，如货运类专注于货运相关的服务。常见的同城服务垂直类平台包括 UU 跑腿、货拉拉、快狗打车、达达秒送等。

1. UU 跑腿

UU 跑腿是一款提供同城即时生活服务的平台，深耕同城快递、同城即时跑腿服务等业务，提供买、送、取、办等多样化即时服务，为中小企业、电商、本地商户提供同城配送服务。

作为新零售背景下的同城服务平台，UU 跑腿平均 37 分钟就可送达，为全国数千万人提供同城即时跑腿服务，不仅满足了用户更丰富的高端即时服务需求，同时也解决了传统同城快递与跑腿行业效率低下、发展不规范等问题，是绿色、高效、惠民的同城生活服务平台。

2. 货拉拉

货拉拉是一款提供同城和跨城货运、企业版物流服务、搬家、零担、汽车租售及车后市场服务的互联网物流平台，为用户提供即时、当日和预约订单的物流货运服务。

货拉拉的同城业务主要由中小型面包车、小型厢货、小型平板、中型货车等车型承接，依托移动互联、大数据和人工智能等技术，货拉拉可以实现多种车型的即时智能调度，通过共享模式整合社会运力资源，完成海量运力储备，用户只需在货拉拉App 或小程序等一键下单，系统即可匹配附近货车完成同城货运服务。

3. 快狗打车

快狗打车是为用户提供拉货、搬家、运东西等短途货运及交易服务的平台。快狗打车前身为"58 速运"，2018 年更名为"快狗打车"，2022 年快狗打车在港交所上市，成为同城货运第一股。

快狗打车凭借"互联网＋大数据"运营系统，为同城货运市场提出智能化的物流解决方案，通过智能运力调配，整合货运供需信息，快速匹配车辆，推动短途货品运送及交易服务的标准化升级。快狗打车还推出"快狗专送"服务，准自营全职运力，提供"招、培、管"全流程带车司机管理服务，解决同城社区团购"最后一公里"的配送履约需求。

4. 达达秒送

达达秒送是一款全场景服务平台，通过众包模式，合理匹配即时订单运力，为各类场景用户提供同城配送服务。达达秒送覆盖餐饮、零售、传统物流末端配送、同城取送件、代买等多个应用场景，可面向企业、商家、个人用户等提供多场景、定制化的开放服务产品。

达达秒送的配送服务体系主要由落地配、即时配、个人业务三大板块组成，其中个人业务主要为同城急送，为个人用户提供"帮我取""帮我送""帮我买"等同城配送服务产品，个人用户可以随时下单，达达秒送会提供预计 15 分钟上门取件，1 小时送达，24 小时不间断的同城配送服务，并对配送路径实行全程定位监管，保障优质配送服务。

三、新零售下的同城服务应用

（一）同城零售服务

随着线下零售式微，电商零售也已逐渐到达"天花板"，尤其在疫情的催化下，消费者对生鲜等必需品的线上习惯逐渐得到培养，社区团购、社区小店等"同城到家"生态圈涌现，"同城到家"大时代已到。而融合线上线下消费场景的同城零售，成为离消费者更近的市场，以阿里、京东、美团为首，纷纷转战同城零售。新零售下的同城零售服务应用主要体现在以下两个方面：

（拓展视频 3-1：新零售背景下的同城服务）

1. 社区形态的同城零售应用

社区形态的同城零售是把本地同城生活、社区团购和实体零售融合在一起的一个复合体形式，最近几年兴起的社区团购是社区形态的同城零售最热门的应用形态之一。社区团购是基于社区半径 1~2 千米内，为满足社区消费者生活需要，提供日常生活消费品线上线下购买及到家服务的一种新零售模式，是以社交化获客、低价爆品和预订自提为基本特点的同城零售模型。社区团购的崛起，加速了同城零售业态的创新速度。

社区形态的同城零售是基于"社区小店私域"构建起来的，通常是以一个小店为承接点，也可以以一个自提点为依托，一个社区团购店或自提点既是公共服务的提供者，也是私人订制式的管家。基于社区业态的同城零售，通过培育引导消费者生活方式的形式，实现消费者需求的集约化，同时反向优化供应链体系。其服务目标是明晰的，即精准用户的需求满足，将消费者组织起来，产生周期性消费；将服务组织起来，产生集约化效率；将商品组织起来，产生精准、稳定供给。

（案例3-1："叮到家"
同城服务分析）

随着人们对生活品质要求的提升，以及对消费体验的要求的提高，社区形态的同城零售模式满足"家门口"消费需求的社区商业，成为当下最受关注，也最具有提升空间的新零售商业类型之一。

2. 多业态整合的同城零售应用

同城零售是以消费者为中心，将网购、本地生活服务、出行和物流配送等一系列服务在本地整合起来的一种新零售形态。随着网上购物消费增速趋缓和同城零售需求的升级，推动了同城零售业态的整合，各大零售企业纷纷进行战略调整，加速同城零售的多业态整合。以阿里、京东、美团等为代表的综合电商平台顺势调整组织架构，布局同城零售，以探索高效地满足消费者对全品类商品零售的服务需求，进行同城零售的多业态整合。

在"本地生活化发展"思想影响下，以餐饮外卖起家的"饿了么"全面升级，发力同城零售服务，致力于建立解决用户一切即时需求的生活服务平台，从送餐升级到送"万物与服务"，提供商超、果蔬、医药、鲜花等商品品类和跑腿代办、即时配送等服务，从不同的视角、不同的领域，满足消费者在本地同城生活中方方面面的需求，实现同城零售的多业态整合。美团同样发力同城零售，从送外卖延伸到更多品类，同时推出了"美团优选"业务，进军社区团购赛道。京东和快消领域的品牌商形成合作，加码同城零售业务，除了商超领域，京东还拓展3C、服饰、家居、医药、鲜花等同城零售服务，通过上线京东到家，与达达集团合作，打造"半小时达生活圈"，京东实现了同城零售的多业态整合。

多业态整合是同城零售的重要应用形态之一，零售企业通过同城零售多业态整合，打造直达的、有节奏的、有预期的、规模化的新零售模式，同时也能为消费者提供一站式和全生命周期的同城服务。

（二）同城配送服务

同城配送与新零售的发展是相辅相成的，同城配送服务是新零售不可缺少的环节之一，为新零售下城市消费生活带来高效、便捷的服务体验。随着新零售的不断发展和深入，同城配送服务也从外卖配送延伸到代买代办、商超日用等跑腿业务以及同城快递、同城货运等服务，实现同城生活的全场景覆盖。

1. 同城跑腿服务

近年来，随着"懒人经济"的出现与同城服务需求的升级，传统的快递方式很难满足人们各方面的需求，同城跑腿服务则应运而生，与此同时，同城跑腿服务平台也逐渐进入人们的视野并快速发展，众多跑腿服务平台不断涌现，如 UU 跑腿、麒麟跑腿、闪送、点我达等，美团外卖和饿了么也相继开展跑腿业务。

同城跑腿服务主要围绕消费者的紧急需求，解决新零售的"最后一公里"问题。相较于快递等传统物流，跑腿配送以生活圈为半径，覆盖范围通常在 5 千米范围内，进行点对点、无中转的快速准时送达服务，具有即时性和非计划性，配送时长通常在 1 个小时甚至 30 分钟以内。与传统外卖相比，跑腿服务更加灵活多样，提供代买、代送、帮取等同城服务，只要用户需要，跑腿都能帮办，"送货上门，服务到家"的理念深入人心。

针对同城生活，跑腿服务是多元化的。以典型代表 UU 跑腿为例，从同城即时服务到新零售，UU 跑腿多元化的服务创新了行业模式。区别于传统物流，UU 跑腿无须中转，消费者随时随地都可以通过互联网平台请求同城跑腿服务，UU 跑腿不仅提供帮我送、帮我取、帮我买、帮排队等常规代跑腿服务，还可以提供万能帮帮，即可定制代帮忙服务，如图 3-6 所示，真正的急消费者之所急，最大限度满足新零售背景下消费者的同城需求。另外，除了更优服务和更多场景，UU 跑腿还提出更快响应，以接单快、上门快、履约快为特点，打破了同城快递的时长限制，提供更加高效、优质的配送服务体验。

图 3-6　UU 跑腿服务页面截图

2. 同城快递服务

新零售背景下，零售企业大力拓展线上渠

道，但物流配送困难、备货不足、配送人力不足等问题频发，物流时效重要性越发凸显，这使快递物流成为布局同城零售至关重要的一步。

同城业务在快递服务中占据份额较大，快递物流企业纷纷发力同城快递服务，为消费者提供更优质、更专业的服务。像美团配送、饿了么、蜂鸟即配等平台，原本以餐饮外卖为主，现在已扩展到鲜花、药品、生鲜果蔬、日用品等多个领域，承诺 1 小时内或更短时间内送达，极大提升了消费者的购物体验。这些平台通过大数据分析和智能调度系统，优化配送路径，确保送达高效、准时。另外，智能快递柜在各大居民区、办公楼宇的迅速普及，方便了消费者随时自助取件，安全又便捷，大大提高了配送效率，减轻了快递员的负担。而针对不同行业的特殊需求，如高端奢侈品、易碎品等，同城快递提供了更加精细化的定制化配送服务，包括专业包装、专人专送、实时追踪等，确保商品安全无损地送达消费者手中。

新零售的发展离不开快递物流的配套支持，在新经济、新零售、新消费的驱动下，人们对同城快递服务的要求不断提高，同城快递需要处理的高频次、高效率的订单大大增多，同城快递服务对同城消费规模扩大的支撑作用将越来越明显。

3.同城货运服务

新零售的快速发展，也不断推动着对同城货运的需求。如今随着城镇化进程不断加快，许多仓库均搬离城市中心，快销行业线下门店分散，使商品运输变得越来越困难。在新零售模式迅速发展的背景下，同城货运已经不仅仅是需要做到"车货匹配"，而是应该做到降低成本、提高运输效率、准时准点地将货品安全送达。

新零售催生出更多的同城货运应用场景，对同城货运提出了更大的挑战，同城货运开始向服务个性化、配送智能化等方面发展。针对个人的"线上＋线下＋物流"一体化的"最后一公里"物流需求，催生了货拉拉、快狗打车等网约货车。网约货车通过线上平台整合运力资源和货运需求，实现了同城货运服务的随叫随到，既降低了货运成本，又能为消费者提供更便捷的服务，同时提升了同城货运的效率，解决了整合货运的"最后一公里"需求。、

※　协作探究

探究背景

美团作为一家科技零售公司，以"零售＋科技"的战略践行"帮大家吃得更好，生活更好"的公司使命，持续推动服务零售和商品零售的数字化升级，其主营业务包

括餐饮外卖、酒店旅游、本地生活服务等。美团于2018年上市，成为中国互联网领域的独角兽企业之一。美团的商业模式主要为O2O（线上到线下）模式，通过自有的配送团队和供应链管理系统，实现了外卖餐饮的便捷配送。目前，美团的盈利模式主要有四种，分别是佣金模式、广告收入、转介费模式和活动回扣。

其中佣金模式是美团最主要的盈利模式，主要通过出售团购商品赚取差价、出售商品进行抽成，或通过协议帮商家做折扣促销，按照协议金额形成收入；而广告收入主要来源于收取客户在平台做广告的费用；转介费模式是美团直接将页面链接到产品所属公司，让产品所属公司获得更多曝光机会，便于开发更多潜在客户，美团则向该公司收取转介费用；活动回扣是商家在美团上做活动时，美团收取回扣。

探究内容

美团作为新零售下的典型同城服务代表，请结合美团的盈利模式介绍对其目标客户人群进行分析。

探究结果

由美团的四种盈利模式可知，其目标客户主要分为两类：第一类为个体消费者，且日常有使用网络购物的习惯。这类客户群体享受同城服务带来的便利性，是商家的营销对象，通过在平台上消费，为商家带来了盈利，也间接为美团平台带来了盈利。第二类为商家，以中小企业为主，其通过美团平台或扩大自身品牌的宣传效果，或提供同城服务扩大企业营收渠道，是美团的重要客户群体。

任务三　直营模式

一、直营模式概述

（一）直营模式的概念

直营模式是实力雄厚的大型企业通过吞并、兼并、独资、控股等途径，发展壮大自身实力和规模的一种形式。直营是指由公司总部直接投资经营，这种模式一般是以一个品牌为主导，通过在各地投资设立分公司的模式进行经营管理，相对于特许加盟连锁模式来说，称为直营连锁模式。

引起广泛关注的阿里新零售的新物种"盒马鲜生"就是直营模式的典型代表，这种模式的所有权和经营权都统一集中于盒马总部，具有统一资本、集中管理、分散销售的特点。这种自主经营的方式，能够有效展示品牌实力，直接面对消费者，了解消费者的需求特点，为决策提供第一手参考资料，同时拥有直接控制权，便于操作管理，减少了中间代理的流通和销售环节，有利于降低成本、提高利润。

（二）新零售下的直营模式

直营模式的发展是一个不断创新与融合的过程，在发展初期，传统直营企业必须开设店铺，设立服务网点，随着消费需求的提升，线下直营店铺迎来了普遍性的升级，由传统的实体店铺改造升级为体验店，成为提供产品体验的场所。同时，在电子商务的浪潮中，直营企业也纷纷开设电商平台，以面向更广大的消费群体，增加购物的便利性。在新零售的驱动下，直营企业的线上平台与线下体验店有了更具深度的结合，消费者可以在体验店中深入体验和了解产品后，再到线上平台进行选购。

新零售背景下，以消费者为中心，通过不断打造更适用的产品、逐步提高服务质量的经营模式持续发展。综观各行业，在新的发展趋势下，直营企业正在不断接受新的发展思维，创新发展模式，提升经营能力，以便在未来的市场竞争中占据有利地位。在具体的运营过程中，越来越多的直营企业通过借鉴国内外先进经验，纷纷涉足品牌自营、线下直营店、线上直营平台等新型直营模式，持续强化自主经营的模式，同时积极利用新技术升级改造传统门店、优化产品及服务，打造上下游一体化的供应链，通过直营模式创新，提升企业核心竞争力。

二、新零售下的直营模式特点

（一）提升消费体验

传统零售背景下，消费者选择购买一款产品更多的是看重质量和用途，而随着消费需求的升级和消费观念的转变，消费者更加注重消费体验，追求个性化和品质化的消费，消费的商品也不再局限于基础的生活必需品，休闲养生、体验服务等精神享受层面的非必需品在消费领域中的比重也在不断增加。

对于直营企业来说，只有满足消费者的需求，才能提供更优质的产品或服务议价。在新零售背景下，越来越多的直营企业转变经营理念，通过打造场景式的体验店，利用新颖的平台方式，以消费者为中心，将产品销售与体验环节融合，全方位提升消费体验，为消费者提供品质化的生活方式。

（二）注重模式创新

传统的直营模式过于守旧，而随着新零售概念的提出，直营企业意识到改变和创新的重要性，新零售时代的直营模式能够利用现下的元素和渠道扩展出新的直销发展思路，越来越多的直营企业也认识到，无论是在产品研发、营销模式层面，还是在企业管理等层面，都需要不断地改变、创新、融合甚至颠覆，通过模式创新提高企业核心竞争力。

随着新零售的发展，传统企业不断创新思路，寻找新的发展模式。比如，传统 4S 店的销售模式流程复杂、价格不透明、厂家加价销售、捆绑销售等问题屡见不鲜，消费者议价权小且购买流程不方便；而近几年，理想、蔚来、小鹏等新能源车企通过全面布局线下直营体验店，为消费者提供价格透明、厂家直销的购买服务，创新了营销模式，简化了购车流程，让消费者买得放心、买得舒心。理想线下直营体验店如图 3-7 所示。

图 3-7　理想线下直营体验店示例

（三）精简渠道结构

长期以来，我国传统零售企业受制于冗长的供应链及层层提价，产品从出厂到实体零售店，每增加一层中间渠道，销售价格一般提高数倍，严重制约着企业的经营效益。而直营模式通过精简渠道结构，可以实现价格一体化、库存一体化和服务标准一体化，让消费者感觉不到渠道的差别，有利于挖掘出新的盈利点。

比如近些年快速发展起来的名创优品，从 1 元店的经营模式中找到灵感，精准定位消费群体，致力于提供"优质、创意、低价"的产品。依托以量制价的直营模式，名创优品形成了强大的供应链整合能力和规模经济效应，在保质保量的基础上打造购物体验。与传统零售业态相比，名创优品采用直营模式，加盟商只负责出资，所有管理环节全部由总部人员接管，去掉了中间环节，直达零售终端，既保证了产品的低价位，又保证了品牌信誉。

三、新零售下的直营模式应用

（一）品牌自营

品牌自营是直营企业通过筹划、管理自主产品品牌或服务品牌的形式，拓展服务场景，提升自主经营能力的模式。对于自营品牌来说，企业直接经营自主生产的产品，而非经营外来品牌商品。在直营模式与新零售的融合发展中，企业通过品牌自营，将孤立、单一的产品融入场景化的体验中，既为消费者提供更符合预期的产品和服务，也推动着企业向品牌化的路线发展。

近年来零售业同质化现象越来越严重，类似的购物环境、类似的品牌、类似的商品遍布全国。自有品牌商品具有成本、价格、信誉等方面的优势，经营自主品牌、开发自有品牌商品成为零售企业转型升级的重要方向。零售企业通过品牌自营，一方面可以时刻把握市场需求信息，设计出更符合消费者需求的产品；另一方面通过自有品牌经营，可以深度整合供应链，依托积累的供应链优势，对上游供应商具有较大的话语权。因此，相比于其他品牌的同类商品，零售企业注重开发自有品牌商品，可以提升商品及品牌竞争力，从而获得更高的商品毛利率。

京东自营，是京东集团的核心业务之一，通过京东商城销售电子产品、家居用品、美妆个护等多种商品，凭借其强大的供应链和物流体系，为消费者提供快速、便捷的购物体验。京东自营意味着商品由京东集团直接采购、销售并提供售后服务，确保了商品来源和质量的可靠性。如今，京东已搭建出京东京造、惠寻、佳佰等众多品牌，京东自营在市场上的份额持续扩大，成为新零售的重要力量。类似的还有天猫自营、唯品会自营、网易严选等，这些零售电商巨头凭借自身在品牌、口碑、供应链、货源等方面的优势，打造自营品牌，探索零售发展新路径。

（二）线下直营店

线下直营店是传统直营企业发展初期的必备业态，通过开设店铺，直接面向消费者提供商品和服务，随着新零售的发展和深入，线下直营店进行了升级改造，由传统销售门店转变为体验店，为消费者提供产品服务和体验。零售企业通过打造线下直营店，能有效保证用户享受优质的产品和服务，包括渠道成本、价格透明，以及试用、体验等。与此同时，线下直营店作为线上平台的补充，消费者可以在线上平台下单，到线下直营店深度体验，企业可以通过整合线上线下资源，利用大数据、互联网等实现对消费者的有效连接。

比如网络服饰零售品牌茵曼，自 2015 年开始启动线下战略，采用直营的方式与大型百货商场合作，全面布局线下销售渠道，并于 2022 年开启了新零售商业 5.0 时代，通过从产品、空间、运营等方面持续深耕升级，在店内设置购物一体机并链接线上网店，全面提升线下直营门店服务，打造全新的 5.0 线下直营旗舰店，为消费者提供更贴心的购物体验。

除此之外，为了满足消费者日益增长的需求，新能源车企纷纷选择了直营模式，打造线下直营店。比如，蔚来、理想等新能源车企在全国各地建设一批由品牌直接控制的线下直营店，消费者在线下单，直营店负责消费者的新车试驾、交付和售后等服务。比亚迪旗下腾势品牌也在全国各大城市都有相应的直营店，在销售渠道方面坚持以用户为中心，完全采用直营模式，打破传统销售模式，为消费者提供更好的服务体验。

（三）电商直销模式

由于互联网的冲击和新零售的普及，线下渠道经营困难，加快了直营企业通过逐渐自建、完善电商平台等方式发展电商直销模式的速度。对于直营企业来说，电商直销模式可以减少销售渠道的中间链条，降低运营成本，为消费者带来更多的让利空间和更好的服务，同时，数字化升级能打造深度的品牌传播与产品推广平台，让零售企业更快捷地销售产品，通过电商直销模式完善企业的销售矩阵。

随着新零售的深入发展，传统直营企业积极拥抱互联网，通过拓展线上渠道，建立新零售电商平台，深入电商销售渠道直营化布局，提高市场占有率及品牌影响力。例如，休闲服饰品牌鹿岛在面对新零售浪潮席卷时，敏锐地捕捉到市场变化，果断地调整自身发展策略。线下方面，对门店进行直营化布局改革，通过优化门店选址、提升门店形象、加强员工培训等方式，提高门店的服务质量和顾客满意度。线上方面，积极拓展线上销售渠道，如入驻各大购物 App，开通购物小程序"什物纪 × 鹿岛"（见图 3-8）等，同时鹿岛还积极探索线上线下

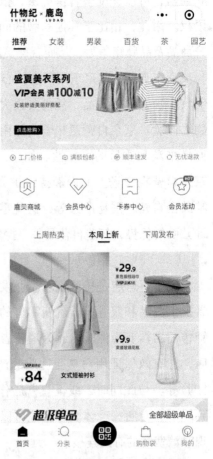

图 3-8　鹿岛线上商城页面截图

融合新模式，如"线上下单、线下自提""线上下单、线下试穿"等，为消费者提供了更加灵活多样的购物选择。通过这一系列举措的实施，鹿岛成功提高了市场占有率和品牌影响力，不仅在传统的休闲服饰市场中占据了重要地位，还成为新零售领域的佼佼者。

※　协作探究

探究背景

随着消费者购买行为变化，新零售全渠道营销正在逐渐成为零售业的趋势，越来越多的企业开始实现线上线下融合发展。某服装品牌作为一家领先的年轻、时尚服饰穿戴品牌，运用直营模式在新零售领域进行全渠道营销。其呈现出的特色表现在以下方面：一是实现线上线下融合，打造O2O购物体验。消费者可以在其线上商城购买商品，也可以到线下门店试穿、购买或退换货，实现了多个渠道的交互和衔接。二是无缝衔接的移动购物体验。该品牌通过自己的移动应用程序和社交媒体平台，使消费者可以随时随地进行购物和交流，并提供个性化的推荐和定制服务，增强消费者的购物体验。该品牌通过大数据分析消费者的购买、浏览行为，了解消费者的需求和偏好，并根据这些数据优化营销策略，提高销售额和客户忠诚度。通过全渠道营销方式，该品牌实现了线上线下的无缝衔接和多个渠道的交互、融合，提高了消费者的购物体验和品牌忠诚度，同时也提高了销售额和市场份额。

探究内容

结合上述案例，分析直营模式的全渠道营销优势体现在哪些方面？

探究结果

直营模式的全渠道营销优势主要体现在以下方面：

（1）实现线上线下融合，极大满足消费者的需求，为消费者带来了购物、试穿、退换货等便利，有助于提升消费者的忠诚度。

（2）全渠道营销，实现各个营销渠道的数据贯通，有利于企业更加全面、精准地构建客户画像，实现客户分层管理以及产品的研发、升级等。

※ 政策导引

《"十四五"现代物流发展规划》

2022 年，国务院办公厅印发《"十四五"现代物流发展规划》（以下简称《规划》）。《规划》是我国现代物流领域第一份国家级五年规划，对于加快构建现代物流体系、促进经济高质量发展具有重要意义。

《规划》指出，"十四五"时期要以习近平新时代中国特色社会主义思想为指导，坚持稳中求进工作总基调，完整、准确、全面贯彻新发展理念，加快构建新发展格局，全面深化改革开放，坚持创新驱动发展，推动高质量发展，坚持以供给侧结构性改革为主线，统筹疫情防控和经济社会发展，统筹发展和安全，提升产业链供应链韧性和安全水平，推动构建现代物流体系，推进现代物流提质、增效、降本，为建设现代产业体系、形成强大国内市场、推动高水平对外开放提供有力支撑。

《规划》明确，按照"市场主导、政府引导，系统观念、统筹推进，创新驱动、联动融合，绿色低碳、安全韧性"原则，到 2025 年，基本建成供需适配、内外联通、安全高效、智慧绿色的现代物流体系，物流创新发展能力和企业竞争力显著增强，物流服务质量效率明显提升，"通道＋枢纽＋网络"运行体系基本形成，安全绿色发展水平大幅提高，现代物流发展制度环境更加完善。展望 2035 年，现代物流体系更加完善，具有国际竞争力的一流物流企业成长壮大，通达全球的物流服务网络更加健全，对区域协调发展和实体经济高质量发展的支撑引领更加有力。

《规划》做出六方面工作安排，包括加快物流枢纽资源整合建设、构建国际国内物流大通道、完善现代物流服务体系、延伸物流服务价值链条、强化现代物流对社会民生的服务保障、提升现代物流安全应急能力；提出三方面发展任务，包括加快培育现代物流转型升级新动能、深度挖掘现代物流重点领域潜力、强化现代物流发展支撑体系；从优化营商环境、创新体制机制、强化政策支持、深化国际合作、加强组织实施等方面，对加强实施保障提出明确要求。

按照《规划》要求，商务部会同有关部门实施"千集万店"工程，推进县域商业建设行动，补齐农村商业设施短板，健全县乡村三级物流配送体系，畅通工业品下乡和农产品进城双向流通渠道，促进农民收入和农村消费持续提升。

一是强化部门联动。发挥县域商业体系建设、贯通县乡村电子商务和快递物流配送等跨部门协调机制作用，加强与发展改革委、财政部、交通运输部、邮政局等单位的沟通协作，统筹政策举措，促进农村村邮站、电商服务站、便利店等网点设施共建共享，推动"多站合一、一点多能、一网多用"。

二是优化网络布局。持续发挥中央财政资金引导作用，建设改造一批县级物流配送中心和乡镇物流配送站点，完善仓储、分拣、包装、运输等设施设备，增强对乡村的配送能力。发挥邮政、供销等基层优势，提高"快递进村"通达率。

三是创新发展模式。鼓励具备条件的农村地区探索发展智慧物流、共同配送，支持县域邮政、供销、电商、快递、商贸流通等各类主体市场化合作，开展日用消费品、农资下乡和农产品进城等物流快递共同配送服务，逐步实现统一揽收、统一分拣、统一仓储、统一运输、统一配送"五个统一"，降低物流成本。

四是加强主体培育。支持农村各类物流企业数字化转型，采用企业联盟、股权投资等方式合作，做大做强，积极参与县域商业体系建设，促进农村消费。扩大农村电商覆盖面，加强农村电子商务、快递物流配送人员培训，提升电商直播销售、数字运营等实操技能，增强创业就业能力。

※ 企业创新

小鹏汽车："汽车新零售"模式探索

根据小鹏汽车官网数据显示，2024年1—5月，小鹏汽车累计交付新车共41360台，同比增长26%。小鹏汽车致力于通过探索科技，引领未来出行变革，做"未来出行探索者"，不断探索汽车零售新模式，助力汽车行业发展。

小鹏汽车在销售渠道策略上展现了其独特的销售服务网络构建方式，通过结合"自建自营、授权经营、线上线下"的多元化新零售模式，实现了线上线下的完美融合。在实体门店方面，小鹏汽车不仅设有直营店，还引入了代理店模式，与众多造车新势力单一的直营方式形成鲜明对比。截至目前，小鹏汽车已拥有近400家线下销售门店和近200家售后门店，服务范围遍及近200个城市。

分析小鹏汽车近一年来的线上渠道销售增长数据，发现其网点类型主要包括体验中心、销售服务中心、服务中心和交付中心四大类。这种多元化的网点设置使得小鹏汽车在销售渠道布局上更加灵活多变。其中，体验中心通常位于城市购物中心内，以提供沉浸式体验为主，不负责交付和售后服务；而销售服务中心则类似于传统的4S店，集销售、售后及部分交付功能于一体。这种布局方式既满足了消费者多样化的需求，也体现了小鹏汽车在渠道策略上的创新与思考。

为了在销售市场中立于不败之地，小鹏汽车近日再次对其终端渠道进行重大调整，发起了"木星计划"，即逐步淘汰直营店，转而扩大经销商规模，由直营模式转向经销商模式。直营店，一直以来都是小鹏汽车品牌形象的重要展现方式。然而，直营模式在降低用户购车门槛的同时，也带来了诸多挑战。首次，直营店的建设和维护成本较高。其次，由于直营店的数量有限，导致市场覆盖率不足。再次，直营店的运营效率较低，也对公司整体运营效率产生影响。因此，"木星计划"的实施，旨在降低小鹏汽车的运营成本，提高市场覆盖率以及响应速度。通过与经销商合作，小鹏汽车可以借助经销商的网络覆盖更多的地区，扩大市场占有率。同时，经销商还可以提供更灵活的市场策略和营销手段，帮助小鹏汽车更好地满足消费者的需求。

从直营到经销商模式的新探索，小鹏汽车将如何平衡各方利益，提高市场覆盖率，降低运营成本，提高服务质量，将是未来市场关注的焦点。总的来说，小鹏汽车的"木星计划"是在新能源汽车市场竞争日益激烈的大背景下，对自身销售渠道进行的一次重大调整。这一变革能否成功，将直接影响到小鹏汽车未来的市场竞争地位。

（资料来源："求信咨询"微信公众号文章《小鹏汽车渠道发展模式浅析》，有删改）

※ 思政园地

东方甄选助农直播　创造多方面价值

东方甄选助农直播活动作为新东方转型后的一个重要板块，不仅在经济层面促进了农产品销售，还展现出独特的价值和社会意义。

第一，东方甄选通过助农直播，直接参与解决农产品销售难的问题，帮助农民增加收入，体现了企业的社会责任感。这种行为为社会树立了一个正面榜样，鼓励企业和个人在社会劳动中履行社会责任、无私奉献。

第二，东方甄选助农直播助力乡村经济发展，符合国家乡村振兴战略，展现了企业如何与国家战略相结合，共同推动农村现代化。引导学生理解个人发展与国家命运的紧密联系，增强服务国家、服务人民的使命感。

第三，直播中，主播们常常介绍农产品背后的文化故事、地方特色和传统农耕文化，这不仅是商品的推广，也是对中华优秀传统文化的传播和传承。这种做法有利于提升国民的文化自信，培养学生的文化认同感和民族自豪感。

第四，新东方从教育行业转型至助农直播，展示了教育机构在面临挑战时的创新思维和适应能力。这展现出教育与社会实践相结合的重要性，鼓励学生将所学知识用于解决实际问题，成长为应用型、复合型人才。

※　思考与练习

请扫描右侧二维码获取资源，完成相关练习。

（项目三　习题）

项目四　新零售场景电商模式

知识目标

1. 了解小程序电商、直播电商、社区电商与社群电商各自的含义及特点；

2. 熟悉小程序电商的运营要点、商品销售技巧与变现方式；

3. 熟悉直播电商的主流平台；

4. 了解直播电商的运营模式以及团队构建与管理；

5. 熟悉社区电商、社群电商的运营模式；

6. 掌握社群电商变现的流程。

能力目标

1. 能够概括分析几种典型新零售场景电商模式的特点；

2. 能够理解并阐述社区电商的运作流程；

3. 能够理解并阐述社区电商的用户运营技巧。

素养目标

1. 具备坚定的政治信仰、强烈的社会责任感、正义感和职业道德修养；

2. 具备新零售的思维以及适应新零售场景电商模式的能力；

3. 具备创新思维以及勇于尝试、开拓进取的精神，能够将新零售场景电商运营知识运用到实际工作中，不断提升自己的综合能力。

学习导图

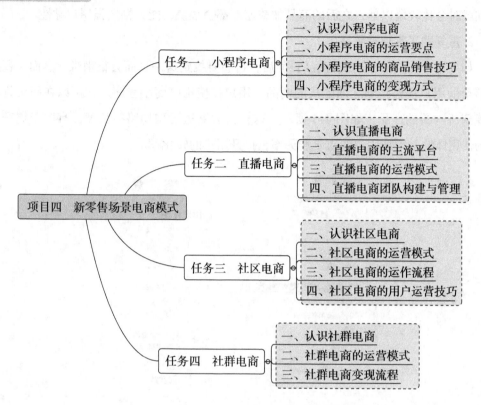

任务一　小程序电商

一、认识小程序电商

（一）小程序与小程序电商的含义

小程序是一种无须下载安装即可使用的手机应用，用户只需要扫描二维码，或是搜一搜，就能立即使用。小程序电商是运用小程序展开电子商务活动的一种电商形式，这种电商形式能够完美融合电商属性和社交属性，进而在社交圈实现裂变营销（基于社交的裂变）。

（二）小程序电商的特点

与传统电商平台相比，小程序电商有 5 大特点。

1. 交易更加快捷

在小程序诞生之前，电商一般通过制作 HTML5 商品页在微信商城进行商品销售。HTML5 商品页面有一个严重弊端：用户首次打开页面时速度很慢，而且每次打开新的页面都要经过重新加载环节，从而影响用户的交易效率和购物体验。电商小程序的页面有效避免了这一弊端，能够显著提升用户的交易效率和购物体验。小程序除了第一次加载时会比较慢以外，之后的商品加载速度都会很快，能大幅增强用户黏性。

2. 重复购买率相对更高

如果用户在关掉 HTML5 商品页面后，再想要找到这一页面会很困难，然而小程序能够帮助用户轻松找到之前购买的商品。用户在使用电商小程序后，可以在历史订单中找到所购买的产品，如图 4-1 所示。这样大大缩短了购物路径长度，有助于提升用户的使用体验，增加用户的重复购买率，提升用户的转化率。

图 4-1　某小程序历史订单查询页面截图

3. 支付效率更高

小程序电商采用的支付方式是微信支付。采用微信支付，商家必须提前申请，在具体申请时需要提供营业执照，只有企业或者个体工商户能够申请，个人无法申请。相比于 HTML5 商城以及传统的电商交易，小程序电商在交易完成后，会将货款直接打到商户的账户上，而不是先给第三方平台，再分给商户。这就提升了支付的效率，缩短了账期。这对商家来讲，无疑是有利的。

4. 成本与使用门槛更低

相对于传统电商平台，小程序电商的交易成本更低，门槛也更低。对商家来讲，入驻小程序的成本要远远低于传统的 B2C 商城，大大降低了小程序的入驻使用门槛。在入驻京东或者天猫商城时，商家一般要向平台支付多种服务费用，如高昂的保证金和交易费率。但是，在小程序上开商城，商家会节约很多成本。一般来讲，在小程序上进行电商经营只涉及两种费用，分别是店铺建设与维护成本以及向微信支付的相关费用（见图 4-2）。即使商家借助第三方模版生成自己专属的小程序，一年的开发成本以及服务费也不足 1 万元，大大降低了商家的入驻成本。

图 4-2　小程序电商经营费用构成

5. 用户使用负担更轻

"微信之父"张小龙曾这样定义小程序："小程序是一种不需要下载、安装即可使用的应用，它实现了触手可及的梦想，用户扫一扫或者搜一下就能打开应用。也实现了用完即走的理念，用户不用安装太多应用。应用随处可用，但又无须安装、卸载。""无须安装"比较好理解，就是用户在使用小程序的各项功能时，无须下载安装任何软件，只需打开小程序，即可完成相应的操作，本质上减轻了用户的使用负担，商家借助小程序用最快的效率、以最好的方式向用户展示产品的最佳效果，让用户感受到商家完美的服务，最终实现让用户快速购买、瞬间支付的目标，这点与传统的电商平台或者其他应用相比，优势很明显。

二、小程序电商的运营要点

（一）以用户运营为核心

商家要抛弃传统电商的流量思维，依托"公众号 + 小程序 + 社群"的方式，搭建起私域流量矩阵（见图 4-3），做好用户的承接和转化。在这个过程中，商家要以用户

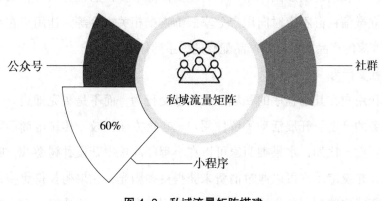

图 4-3　私域流量矩阵搭建

运营为核心，根据用户画像、用户需求，从不同角度触达用户，为用户提供更个性化的服务和福利。

（二）做好付费流量和自然流量的承接

商家需依据自身情况，梳理出清晰的用户消费路径，通过私域矩阵做好付费流量和自然流量的承接，在用户转化的每一个环节，做好运营操作，提升用户转化率。付费流量包括微信站内流量和站外流量两部分：微信站内的流量有公众号、网红达人社群和朋友圈广告等；站外可以通过抖音和快手等短视频平台以及小红书等内容社交平台，利用"视频内容＋名人推荐"等方式，为小程序电商持续导流。自然流量包括商家搭建的自媒体流量矩阵、通过主动搜索产品进入店铺的自然访问用户以及老用户裂变传播新用户这三大部分。自然流量的获取需要多方面的运营策略，如丰富产品内容、开展特色营销活动等。

（三）提升用户转化留存

提升用户转化留存需要遵循以下 3 个原则。

1. 培养信任感

用户对商家的信任感越强，小程序电商的用户留存转化率越高。培养用户信任感，需要根据商家的品牌属性打造不同的 IP 形象，降低与用户的距离感。如美妆类适合搭配师、妆容改造师等角色定位；知识付费类则适合教师、行业资深从业者和学者等角色定位。确定 IP 形象后，商家再通过视频、音频、图文等有价值的内容输出来巩固 IP 形象。

2. 为用户提供有价值的服务

商家不应只把小程序当作一个卖货平台，商家应与用户在其私域中有更多的交流，建立起"公众号—社群—朋友圈"的三重互动，全方位地渗透到用户的生活中。比如，生鲜类小程序可以借助朋友圈向用户科普生鲜产品种类、烹饪方法等；服饰类小程序可以通过建立微信社群不定时向用户分享服饰搭配相关内容等。让用户在小程序购买到的不仅有商家的产品，更有与产品配套的一系列体验。

3. 产生社交行为

商家应让用户在其小程序的私域里产生社交行为，而不是买完即走。商家可通过相关功能服务的开发、开展活动等留住用户。在这方面相较于传统电商而言，小程序电商更具可行性。比如，水果类商家可以在小程序商城中开设种树游戏，吸引用户种树、领水果，并设定用户可以通过消费来获得更多阳光，让果树长得更快；洗护类小程序可以做智能皮肤测试并生成检测报告，供用户参考。这些功能一方面能够降低用户决策成本，另一方面可以促使用户自主分享传播，为商家带来更多新用户。

三、小程序电商的商品销售技巧

不管是线上还是线下，商品的同质化都极其严重，无论是商品质量还是价格都难以产生让用户认可的差异化，此时如何找到用户痛点，就成为小程序电商商品销售的首要任务。下面以用户痛点为核心，讲解小程序电商的商品销售技巧（见图4-4）。

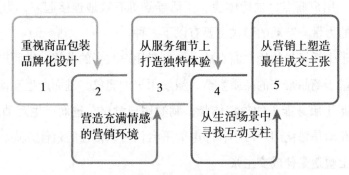

图4-4　小程序电商的商品销售技巧

1. 重视商品包装品牌化设计

在如今的消费市场中，用户不再是为了满足基本物质需求而选择商品，选择有品牌、有品质、有趣味性的商品成为新的购物标准。随着"90后""00后"成为消费主力，他们对商品的品牌要求更高。小程序电商的主流用户群体正是这批"90后""00后"，他们不会轻易购买没有品牌的商品。因此，作为小程序运营者，要与供应商或品牌设计部门群策群力，做好商品的品牌化包装。如果用户拿到商品后，在商品包装上没有感觉到"高大上"，就不太可能复购，更不会和朋友分享小程序。

2. 营造充满情感的营销环境

在小程序电商的运营过程中，如果商家能够从情感角度让用户在小程序上感受到人性最纯真的情感诉求——它可能是温暖的爱意，可能是无法慰藉的乡愁，可能是深刻的反思，可能是对妈妈的歉意等，这些情感诉求会促成用户对小程序的信任和忠诚，进一步转化为订单与现金流。情感营销不仅重视小程序和用户之间的买卖关系建立，更强调相互之间的情感交流，致力于营造一个温馨、和谐、充满情感的营销环境，这对企业树立良好形象、建立强用户关系、实现长远目标非常重要。

3. 从服务细节上打造独特体验

当下，以新中产人群为代表的消费者开始回归理性，注重个人体验，更愿意为更多的体验与服务付费。小程序电商运营者要以服务的方式，从细节上让用户感觉"使用小程序浏览是一种享受"，这种享受会形成小程序电商独特的用户体验，在用户心里形成无形的记忆点，让小程序逐渐成为用户的习惯性消费入口。

4. 从生活场景中寻找互动支柱

生活性消费依然是小程序电商的主要场景，因此可以先营造生活场景，再引导用户在小程序上进行互动，逐渐让用户感知到商品的高性价比以及商家的优质服务。当小程序电商触达用户后，"互动"开始充当连接器的角色，它把品牌化设计、商品性价比、故事包装、用户痛点、独特体验、生活场景等有效地连接起来，为用户购物决策带来无法抗拒的力量。互动的形式主要有以下三种。

（1）将基于生活场景的用户痛点放大，刺激用户改变的欲望，进而产生互动。

（2）展示基于商品带来的品质生活，激发用户的想象，进而产生互动。

（3）提供基于服务能力的独特体验，刺激用户尝试，进而产生互动。对于非知名大品牌，高频互动是强化用户对小程序电商平台认可、信任的最佳方式。

5. 从营销上塑造最佳成交主张

从人性、情感角度获得用户的信任之后，最后要进行的就是促进流量转化，主要从以下三个维度来策划。

（1）给出诱人的优惠价格。比如"原价 599 元，首次体验价只要 99 元""首单九块九，马上就拿走"。当然，这种方式需要先选择合适的活动商品再辅以雄厚的资金支持。

（2）以娱乐营销激励成交。比如"红包补贴"，用户领取红包 20 元，购物满 135 元时可用。

（3）用"零风险"承诺促使成交。比如"所有水果均新鲜，不新鲜则免单"，明确的承诺能够让用户下定决心消费。

四、小程序电商的变现方式

电商运营者在小程序电商平台中销售产品，只要有销量，就有收入。具体来说，以电商形式让小程序变现主要有两种形式，即借用其他平台的流量、搭建自己的小程序平台。

（一）借用他人平台的流量

虽然电商运营者可以开发自己的小程序，但这样做很难在短期内积累起大量用户，想要通过销售获利就更难了。即便可以开发自己的小程序，许多电商运营者还是选择借助拼多多等大型电商平台的小程序来进行产品销售，借用其他平台的流量谋求发展。

电商运营者在大型电商平台的小程序中销售产品的好处在于，这些平台不仅用户基数大，入驻了平台之后，可以同时在 App 端和小程序端进行店铺经营。而且每个店铺都可以自行进行相关建设，一个店铺的内容呈现并不比单独做一个小程序差。

如图 4-5 所示为"拼多多"小程序中"鸿星尔克官方旗舰店"的默认界面，从中可以看出，虽然这只是一个店铺，但是其呈现的内容并不比大多数单独的小程序少。而且和单独的小程序一样，用户进入"商品详情"界面，也可以直接购买商品，如图 4-6 所示。另外，借助平台的庞大用户群，电商运营者只要做得好，便可以收获大量用户。

图 4-5 "拼多多"小程序中的
"鸿星尔克官方旗舰店"
界面截图

图 4-6 "商品详情"界面截图

需要注意的是，在大型电商平台入驻的商家很多，店铺的直接曝光率可能并不是很高。以"拼多多"小程序为例，进入该小程序之后，用户可以看到一些导航栏，却无法看到具体的店铺。首先，在"拼多多"小程序中，平台可能不会主动向用户推荐某个店铺，如果运营者自身宣传不够，或者用户搜索不到该店铺，那么，能够进入该店铺的用户可能并不会很多。其次，因为平台中店铺数量较多，同样的产品会有许多商家在售卖，商家要想从中脱颖而出并不是一件易事。如图 4-7 所示为 "爱媛果冻橙" 的搜索结果界面，从中可以看出，仅爱媛果冻橙这一种水果就有许多商家在卖。在这种情况下，即便是再好的商品，也会有商家出现滞销的情况。

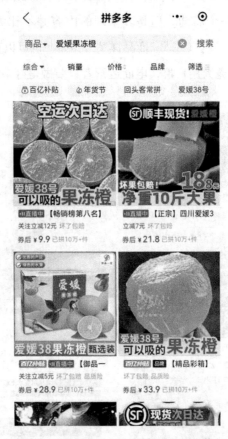

图 4-7 "爱媛果冻橙" 搜索结果界面截图

（二）搭建自己的小程序平台

在小程序出现以前，电商运营者更多是通过 App 打造电商平台，而小程序可以说是为电商运营者开辟了一个新的销售市场。而且电商运营者还可以自行开发、设计和运营一个小程序电商平台，在上面售卖自己的产品。这就好比小程序提供了一块场地，电商运营者只需要在上面 "搭台唱戏" 即可，唱得好还是唱得坏，都取决于运营者自身。

小程序对于电商运营者的一大意义在于，电商运营者可以通过开发小程序独立运营自己的电商平台，不必再依靠淘宝、京东、拼多多这种大型电商平台，这给电商运营者提供一个很好地探索个体电商、实现新零售模式的机会。具体来说，无论是有一定名气的品牌，还是名气不大的店铺，都可以在小程序中"搭台唱戏"，一展拳脚。

电商运营者，特别是品牌名气不太大的电商运营者，单独开发一个小程序，很可能会遇到一个问题，那就是进入小程序的用户数量比较少。对此，电商运营者需要明白一点，用户在购物时也是"认生"的，电商运营者在运营小程序的初期，用户或许会有所怀疑，不敢轻易下单。此时就需要电商运营者在实践过程中，将相关服务一步步加以完善，为用户提供更好的服务，如此一来，小程序才能吸引越来越多的用户，其变现能力也将越来越强。

※ 概念解读

HTML5 商品页面：HTML5 商品页面可以理解为响应式的商城网站，即通过 HTML5 和 CSS 技术编制的可以直接通过移动端浏览器打开的自适应的商城网站。相比 PC 端的商品页面来说，HTML5 商品页面的网站兼容性和体验度更高一些。

※ 协作探究

探究背景

在销售渠道格局大变动之下，许多的奶茶品牌纷纷布局新零售，其中线上线下全渠道打通是最重要的一环。经营多年的奶茶品牌"喜茶"在线下店铺拥有较为牢固的零售基础，线上主要是利用小程序等工具，进行用户留存、转化与画像。

在小程序点单尚未普及前，谁先上线小程序，谁就能在渠道上与竞品拉开一定距离。喜茶早在 2018 年就上线了自己的品牌小程序——喜茶 GO，从线上点单、会员中心到百货商城，所有核心功能一应俱全，已经具备一个线上门店的数字化能力。喜茶 GO 的这种消费者"线上点单，线下取茶"的消费模式，为消费者解决了长时间排队的困扰，极大地节约了消费者的等待时间，深受消费者喜欢。2022 年 6 月，喜茶首度联名影视 IP《梦华录》，推出"喜茶 × 梦华录限时茶楼"，引起消费者的抢购热潮，全国多地门店出现爆单现象，部分门店不得不短暂关闭小程序点单功能。

探究内容

结合上述内容及自己的消费体验，分析奶茶小程序电商具有哪些特点。

探究结果

奶茶作为深受年轻消费群体喜爱的茶饮品，市场潜力巨大。小程序的上线为其发展开拓出新的营销渠道，结合上述内容，分析出奶茶小程序电商具有以下特点：

（1）交易更加快捷。可在奶茶品牌的小程序上直接点单，让消费者的体验度大幅提升。

（2）复购率更高。消费者在第一次使用奶茶品牌的小程序后，可以在历史订单中找到所购买的产品，增加消费者的复购率，提升转化率。

（3）支付效率更高。消费者在小程序点单后，可使用微信直接支付，效率更高，节约了消费者的时间。

（4）成本与使用门槛更低。相对于传统电商平台，企业开发、应用小程序电商的成本更低，门槛也更低。

（5）使用负担更轻，便于消费者操作。消费者只需扫一扫或者微信搜索可打开奶茶品牌的小程序，进行点单支付，无须下载等额外动作，操作简单快速。

任务二　直播电商

一、认识直播电商

（一）直播电商的含义

直播电商，如图 4-8 所示，是在移动互联网时代，利用网络直播方式引导用户购买相关产品或服务的电子商务创新模式。直播电商是直播与电商的融合，从发展现实

图 4-8　直播电商示例

来看，一方面，直播电商作为连接社交流量与电商平台的桥梁为电商带来新的流量，由此呈现电商直播化趋势；另一方面，直播社交平台依托流量高地实现商业变现，由此呈现直播电商化趋势。

（二）直播电商的特点

1. 与用户的互动性更强

与传统电商相比，直播电商更加直观，更加真实，互动性也更强。主播在直播现场与用户同场沟通，让用户更直接地看到商品的方方面面，这在很大程度上打破了用户对货物看不见、感受不到的现状。另外，用户在直播间与主播互动时，真切讲述自己的问题和需求，主播看到后及时做出回应，极大地降低了用户的试错成本。总的来说，直播电商让用户融入购物场景中，增强了商品的真实感和用户与商家的互动性。

（案例 4-1：东方甄选
直播电商运营分析）

2. 能激发用户的购买动机

电商直播契合了当下人们的消费习惯。首先，直播平台以移动设备为载体，可以让用户随时进行观看。其次，大部分直播会选择消费群体的空闲时间进行直播。最后，用户更多以购物的心态观看电商直播，很容易产生购买行为。

直播过程中不应只介绍产品本身，也需以活动为亮点，如可以在直播过程中添加优惠券放送、附送赠品等形式。另外，一些主播还会根据直播间的在线人数发放特价商品、赠送礼物，或者邀请明星嘉宾，通过玩游戏、才艺表演等与用户进行互动，在增加直播间趣味性的同时，激发用户的购买动机。

用户在观看直播时，可以获取其他用户正在购买的信息，并且直播间的限量购买带来的紧张感，使直播间的购买氛围越来越浓厚，进而能够提高用户的购买欲望，提升成交转化率。

3. 更好地体现 4C 理论的优势

在移动互联网时代，传统的 4P（产品、价格、渠道、促销）营销力量升级为 4C（消费者、成本、便利、沟通）营销理论（见图 4-9）。直播电商则更明显地体现了 4C 营销理论的优势：以用户为中心的用户体验更好，用户通过直播场景可购买高性价比产品，省去中间商赚差价，成本更低，厂家和用户之间的触达更为便利，且带有很强 IP 属性的主播能与用户建立起高度的信任，沟通效果更好。

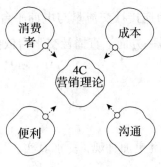

图 4-9 4C 营销理论

※ 概念解读

4C 营销理论是由美国营销专家劳特朋教授在 1990 年提出的。与传统的 4P 营销理论相比，4C 营销理论以消费者需求为导向，重新设定了市场营销组合的四个基本要素：消费者（Consumer）、成本（Cost）、便利（Convenience）和沟通（Communication）。

4. 更好地帮助传统企业进行彻底的互联网转型

数据智能化升级的核心是建立起用户连接并构建用户全方位、全生命周期的画像，进行互动及价值创造。要与用户建立连接，就必须构建用户流量池，即建立起真正属于企业自身的私域流量池，而直播电商能够更好地吸引用户，进而对用户进行转化。

二、直播电商的主流平台

目前国内的直播电商主流平台总体来讲分成 3 个梯队：位于第一梯队的有淘宝、抖音和快手；位于第二梯队的有拼多多、京东、小红书等；位于第三梯队的有苏宁易购、蘑菇街等。这里我们重点介绍第一梯队的 3 个直播电商主流平台。

（一）淘宝直播

淘宝直播平台采用个性化定制，应用推荐算法，根据用户的搜索记录、浏览记录以及其他行为，总结用户个人的数据内容，再对用户个人数据进行分析后为用户推送更具个性化的内容。淘宝为每个用户制定不同的个性化主页，让用户可以更快地了解自己所需要购买的物品，在减少用户购物时间的同时也提高了交易率。比如，某一用户最近浏览的商品是水果，那么平台给该用户推送的商品以及直播间必定是以各地水果为主。淘宝的个性化定制不仅可以满足用户的购物需求，也会让用户获得更为优质的购物体验，这是一种很特别也很重要的营销策略。

淘宝直播可分为两类：第一类是商家自播，第二类是达人主播。其中，商家自播的变现方式一般比较直观，贴近于传统的电子商务模式。在淘宝直播平台，带货是最主要的工作，并不太注重娱乐性，所以淘宝与其他直播平台最大的不同就是它没有打赏页面。对于店铺来说，直播的重点是实事求是地介绍商品信息，除了会不定时发放优惠券外，不会有过多的营销花样。与传统的淘宝销售手段相比，二者没有过多的差异，只是能够让店铺粉丝对商品有更直观的感受。商家自播的变现模式是通过提高店铺销售额来获得利益收入。讲得更通俗些，如淘宝平台的某家水果店，卖出去多少水果，就能够获得多少利润。和商家自播不同，达人主播的盈利方式主要是通过事先和商家商定佣金比例，然后根据直播产生的成交量结算佣金。不难想象，达人主播佣金的来源就是粉丝的购买力，如果粉丝的购买力提升了，那么主播也能拿到更多佣金。

（二）抖音直播

抖音的口号是"记录美好生活"，内容调性是"突出美好"，内容分发方式为"智能算法推荐＋社交分发"。当用户打开抖音 App 后，抖音后台将会利用大数据对用户关注的内容、互动的内容以及上传的作品进行深度分析，智能推荐给用户感兴趣的直播内容，从而让用户在使用 App 的初期就可以获得心仪直播的推荐，最大限度地提高用户的满足感，在增加用户黏性的同时为直播间带来更大的流量支持。

抖音平台的"音浪"是一个以主播人气为基础的打赏型虚拟货币，也是抖音所有收入的具体体现。用户通过购买音浪对主播进行打赏，主播在直播结束后可以按一定比例进行提现。这时，主播获得一部分额外的经济收益，平台通过用户购买音浪赚取利润，而进行打赏的用户也可以满足自己的需求，如满足虚荣心、与主播互动、利用高打赏值起到推销自己的广告效果。此时，主播、平台与用户三者之间形成有机循环，各方利益得到满足。

（三）快手直播

快手拥有独家支持的第三方电商平台和自建平台，同时还拥有微信小程序电商。快手的强社交特性和社区氛围使其形成独特的"老铁经济"，真实和信任让"老铁经济"社交黏性更强，用户与 KOL（关键意见领袖）之间的高互动性和信任感为电商变现提供了天然的基石。与品牌知名度以及产品的公知口碑相比，"快手老铁"更信任主播的推荐，也更加追求产品的高性价比和实用性。

在分成模式上，快手平台的主播收到礼物后，会扣除 20% 的个人所得税，再由主播和平台五五分账。另外，快手直播公会体系的分成模式为"主播自提＋公会服务费＋公会与主播自行协商比例"。

三、直播电商的运营模式

（一）直播电商的运营模式类型

直播电商的运营模式一般有自运营和代运营两种模式，如图 4-10 所示，品牌方应根据实际情况，选择适合自身的模式开启直播电商运营。

图 4-10 直播电商的运营模式

1. 自运营模式

自运营模式是由商家负责全部运营电商事务，既包括原有的电商全流程运营，也包括新增的直播电商运营。2020 年以来，各大直播平台与地方政府对直播人才的培养愈发重视，也对地方的代表性企业给予了更多电商扶持，有实力的品牌也在纷纷探索直播自营模式，极大拓展了品牌直播自运营模式。自运营模式的账号类型可以分为品牌营销号和主播人设号两类。

（1）品牌营销号

品牌营销号主打品牌知名度，此类账号通过在社交平台持续传递品牌价值、品牌文化，获得粉丝好感并让粉丝持续关注，最终产生消费。比如荣耀手机的抖音账号主要的直播内容就是荣耀手机设计理念、科技应用、使用方式等。

（2）主播人设号

直播带货是一个"以人带货"的过程，因此一个辨识度高、难以被轻易取代的人设，可以帮助主播形成独特的自我标签，帮助企业形成持续性的品牌宣传和粉丝积累效果。企业的主播人设打造，应从企业自身的品牌文化和社会价值出发，选择契合企业品牌的人设。比如，"樊登读书"创始人樊登的账号就属于主播人设号的一种。

2. 代运营模式

代运营模式主要是为有直播需求的电商用户服务，服务内容包括对直播账号从零到一的整体规划、视频拍摄、直播脚本策划、组织、实施、直播广告投放、直播数据复盘等。从合作模式来看，目前直播代运营服务商主要采取以下三种模式。

（1）全流程代运营模式

采取这种模式的服务商能帮助品牌方管理线上店铺及直播过程中的所有环节，并提供直播电商全流程服务。店铺的营销推广费用由品牌方承担，代运营服务商主要承担线上店铺管理的人力成本，并以基础服务费＋销售分成的模式获得收益。

（2）代播模式

有些品牌方已有成熟的电商运营经验，属于电商平台的老牌商家，熟悉电商运营全流程，熟悉电商平台规则，并有自己的供应链体系和仓储物流体系。品牌方在选择直播电商作为企业的新发展方向时，由于对直播这种新模式不太了解，难以快速实现直播变现，因此会选择与 MCN 机构或有直播业务的代运营机构合作，或者直接与头部主播合作，帮助企业快速进入直播领域。代播这种合作模式，还特别适合企业用来推新品、爆品。这种模式可以在短时间内积累大量粉丝，完成商家的品牌宣传和卖货计划，快速占据市场份额。另外，选择与有经验的代运营机构或者头部主播合作，企业不仅能实现商品快速进入消费者市场的目的，也能为企业品牌在短时间内提高曝光度和知名度。

（3）内容服务模式

在该模式下，代运营服务商为商家直播电商的某一环节提供服务，收取相应的服务费，这种情况下的合作内容可以灵活多变。比如，针对某项产品或活动提供营销策划方案，并帮助落地实施；代运营服务商及 MCN 机构帮助品牌方培育商家的自有主播，收取相应的培训费；代运营服务商与商家共同孵化品牌，共同完成后续的直播商业变现，实现深度合作。另外，很多代运营服务商都会与 MCN 机构合作，而很多 MCN 机构的服务链条中也增加了品牌的代运营业务。同时，在优质内容产出方面，MCN 机构具有强内容产出能力及流量的运营能力，代运营服务商为了完成对用户更精准的营销，也会考虑与 MCN 机构进一步合作，而且代运营服务商强大的全链条服务能力也能与 MCN 机构相互取长补短。这样的合作关系不仅有利于双方的共同发展，还能推动电商第三方服务生态的深入融合，并促进整个行业的健康发展。

（拓展视频 4-1：
新零售直播电商模式）

※ 概念解读

MCN（Multi-Channel Network）是一种多频道网络，它指的是一个将多个内容创作者或频道聚合在一起，以便集体管理、营销、商业开发的网络平台。MCN 机构广义上是指有能力服务和管理一定规模账号的内容创作机构，内容形式不限于视频，也包括直播、图文等多种形式。MCN 概念最初来自国外互联网视频领域。进入国内后，初期也主要被用于视频领域。成为 MCN 机构并入驻平台后，可获得平台的专属资源和政策倾斜，并通过持续运营，不断提升旗下账号矩阵规模和活跃度，扩大自有品牌影响力，提升其商业价值。

（二）直播电商的运营模式选择

参与直播电商的品牌或商家一般分为有商品供应链和无商品供应链两种情况，针对不同的情况，可选择不同的直播运营模式。

1. 有商品供应链

针对有商品供应链的品牌或商家，可以根据品牌自身的情况或特殊时期的特殊需求，选择商家自播、与第三方代运营服务商或 MCN 机构合作。比如，很多有实力的商家会选择自播和代播组合的模式，当有新品推出或商品有大量库存时，选择代播模式快速完成变现，占领市场先机；而在日常销售中采用商家自播的形式完成高频次的直播带货。

有自身商品及品牌的商家，采用自播的形式能更好地传递品牌文化，实现企业持续的品牌宣传和效益，同时这种形式也是对企业自身直播电商竞争实力的培养。对大型商家来说，选择自运营和代运营的组合模式，也是基于目前的直播现状来考虑的。很多品牌方以极低的利润甚至亏本选择"网红"带货，主要考虑的是品牌宣传和带货的即时效果，但很多品牌方并没有达到满意的持续盈利。以网红为中心的直播带货，缺少可持续维系的模式，缺少品牌文化的注入，很多用户看网红直播或是冲动购买，或是为了抢到主播手里"全网最低价"的商品，而品牌方一味地降价反而使品牌形象和价值大打折扣，不利于品牌长远的发展。网红主播可作为新品宣发、爆款打造、去库存的有力助推器，但要持续销售和盈利仍须回归商品和品牌本身，商家需要提升内部人员的直播技能。

2. 无商品供应链

无商品供应链的商家可以考虑与代运营服务商或者 MCN 机构合作，连接商家、

MCN 机构和主播及运营，完成直播电商全链条服务，这种模式前期需要较多的资金投入，商家需要在商品供应链及运营方面加大关注度，也可以考虑与代运营机构共同建立品牌及商品供应链。

如何确定直播电商的运营模式，是直播运营方案必须体现的内容。商家需要根据自身的情况及对直播电商的规划，来考虑选择自运营还是代运营，或是组合直播的模式。同时商家要加强对内部人员直播技能的培养，增强自身在直播领域的市场竞争力。

四、直播电商团队构建与管理

（一）直播电商团队构建

一个高效的直播电商团队一般由策划、运营及客服三大类岗位组成，每类岗位配备一个主管，直播电商团队结构及成员构成如图 4-11 所示。

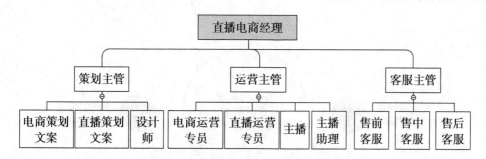

图 4-11　直播电商团队结构及成员构成

直播电商团队主要成员及其工作职责如下：

1. 直播电商经理

直播电商经理主要负责电商平台的整体规划、运营销售计划的制定、爆款的打造、销售运营团队的组建及管理、营销绩效考核体系构建等。

2. 策划主管

策划主管主要负责对直播电商涉及的平台、产品及活动等的总体规划和设计，统筹粉丝需求分析和爆款或重点产品的设计等工作，并指导其下属进行文案策划和产品设计等相关工作。

3. 运营主管

运营主管主要统筹电商运营、直播运营及直播间主播团队的直播工作；指导电商运营专员和直播运营专员开展好电商运营及直播运营工作，指导主播团队在直播间的各项工作，特别是商品展示、粉丝互动及 VIP 打造等运营活动。

4.客服主管

客服主管主要指导售前、售中、售后客服围绕咨询转化率、客户满意度、签单率等关键指标，开展好客户服务工作以达成既定目标。

（二）直播电商管理

1.明确团队工作的"两个核心"

直播团队建设要紧紧围绕两个核心（见图 4-12），其一是为公司创造更多利润，其二是为员工谋求发展前途，两者相辅相成、良性循环。团队创造更多利润才能推动公司更好地发展，从而为团队成员创造出更大的发展空间。在为公司创造更多利润的过程中，员工也能获得更多的收入，这是双赢最直接的体现。此外，员工在创造利润的过程中提升自我能力、展现自我价值，又为自己赢得了更好的发展机会。因此，考核直播电商团队绩效高低的指标，无外乎两个方面，一是团队给公司创造的利润，二是团队中成员的收益及个人发展。

图 4-12　直播团队建设的两个核心

2.坚持团队行动"一个方向"

直播电商团队需要以目标为导向。所谓目标导向，即一个声音，这里有两层意思：第一，团队的高度集权，即团队成员对领导者强烈的信任、高度的认同和无条件的支持。第二，团队的意志高度统一，即团队拥有一致的目标，听从统一的安排和行动、一致的标准和要求等。无论选择何种模式，直播电商的相关工作最终都要落实到团队协作上，差别仅仅是这个团队是自建自管还是第三方代为管理。无论由谁管理，一个直播电商团队都需要有清晰的定位和明确的目标，始终坚持一个方向。

※ 协作探究

探究背景

2023 年 4 月 11 日，"东方甄选"矩阵号"东方甄选看世界"走进张家界，开启为期三天的"直播张家界"专场活动，向全国网友推介张家界文旅产品，包括张家界美景、精品旅游线路及相关的酒店和餐饮服务。首日直播累计销售张家界文旅产品超 860 万元，总观看人次超过 370 万人。

当天上午，"东方甄选看世界"首场直播推介张家界纳百利皇冠假日酒店，顿顿、形形两位主播亲和平实的语言和自信流畅的带货表达，将直播效果拉满。两个小时的直播，把 1155 元两晚的五星级酒店住宿卖了 1600 多单，位居全国团购带货榜第一名。

下午，"东方甄选看世界"直播张家界天门山景区，通过高清的美景画面输出，主播细致、生动、极具感染力的讲解，直播销售张家界精品旅游线路。

在接下来的两天时间里，"东方甄选看世界"还赴张家界国家森林公园、张家界宝峰湖景区、张家界大峡谷景区与"仙境张家界"面对面，向全国网友推介张家界的美景好物，助力张家界旅游全面复苏。不少粉丝通过观看直播后下单"张家界之旅"，表示将在"五一"期间携家人深度游览张家界。

探究内容

"东方甄选看世界"的运营模式是哪种类型？

探究结果

"东方甄选看世界"的运营模式属于自运营模式，是东方甄选构建的营销矩阵之一，它由东方甄选负责全部的电商运营事务，既包括原有的电商全流程运营，也包括新增的直播电商运营。从有无商品的角度来分析，"东方甄选看世界"无商品供应链，它连接的是商家（张家界旅游业中的景区、酒店、旅行社等），通过与商家的合作实现直播电商全链条服务，也依托自身在直播领域积聚的强大流量以及直播运营能力，实现品牌方知名度的扩大以及销售额的提升。

任务三　社区电商

一、认识社区电商

（一）社区电商的含义

社区电商的含义可以从两个方面去理解：一种是指以一定的地域、受众群体为活动范围，在社区网站上开展商务交易活动的行为，能够给社区用户提供更便捷的购物体验，如兴盛优选等社区团购；另一种是以电子商务平台为主体，围绕特定的主题、具有共同消费特征的用户，在网络上打造电子商务社区而开展的电子商务活动，准确的称为"社区化电商"，如小红书等"以买手为核心"的社区电商。

（二）社区电商的特点

1. 消费群体目标明确

社区电商中社区团购的销售服务区域固定，消费群体主要以周围小区居民为主。社区电商不仅有助于增强用户对商家的信任度，实现理想复购率，更有益于商家市场定位、产品定位的优化。

2. 快捷的物流配送

社区电商中的社区团购本身就扎根在社区，有着得天独厚的地理位置优势，能够在最短的时间内为用户提供商品配送服务。

3. 用户忠诚度高

社区电商中的用户，由于共同的特性往往会形成使用频率高、用户忠诚度高、用户黏性强、流量价值突出的优势。

4. 高效的资源整合

由商家所搭建起来的社区电商平台，能够为用户提供最新、最全、最实惠的周边商品销售服务信息，由此充分拉近了用户与商家之间的联系与互动。

二、社区电商的运营模式

（一）社区团购运营模式

目前社区团购运营模式的典型代表有兴盛优选、淘宝买菜等社区团购平台。这种模式一般主要是基于微信小程序设立平台，以社区为地域范围开展交易活动。平台负责网店设计建设、甄选优质货源、提供产品，物流配送产品到社区以及相关售后服务工作。每个社区会设立分销商，一般通俗地称其为团长，团长通过微信社群、朋友圈进行产品宣传、口碑建设，推广销售并获取订单。用户通过团长分享的信息及社区用户信息反馈，选择产品并进行购买，从而形成集中订单，平台以社区为单位将产品物流配送至社区，再由团长将产品派送给具体用户。

其主要经营策略是以社区为中心，团长基于已形成的社区社会关系建立信任，通过线下产品试吃、宣传推广等方式进行销售，当已使用产品的用户获得了较好的购物体验时，就会分享进行口碑传播从而形成持续的裂变流量，很大程度上降低平台运营成本。同时，产品主要以直销、预售、转销的模式开展，可以降低企业资金压力及库存压力。通过社区管理集中获取大量订单，一则可以和上游供应商有更大的议价空间，提升产品性价比；二则大量订单集中区域统一配送，极大地降低了产品的物流配送成本。社区团长作为分销商负责"最后一公里"的具体配送，更能提高服务质量，减少产品配送损失。

（二）线上社区运营模式

线上社区运营模式的主要代表是小红书。早期的小红书上分享最多的是海外购物经验，由此积累了大量的用户，随着用户需求增长，小红书逐渐转变为一个消费决策参考及展现生活方式的平台。

小红书通过大量的社区笔记发布，打造社区文化。这些笔记以文字、图片、视频等方式记录、分享生活。用户通过交流、互动展开信息的双向传播，小红书对用户笔记进行标签化和专题化管理，并建立搜索引擎。用户在社区可以轻松地查到自己所需的信息。这就是小红书非常著名的 UGC 口碑营销，通过口碑营销影响消费者的购物欲望和购买决策，实现销售。

三、社区电商的运作流程

不同运营模式的社区电商其运作流程略有不同，这里以淘宝买菜为例讲解其社区电商的运作流程。淘宝买菜作为阿里巴巴旗下的一款社区电商产品，主要聚焦于生鲜果蔬等日常消费品的销售，它采用了社区团购的运营模式，结合了线上平台下单与线下自提的运营方式。其运营流程中的关键环节如下：

1. 商家入驻与商品上架

有意在淘宝买菜平台上销售商品的商家需要注册并提交相关资质证明，通过平台审核后方可入驻。入驻成功后，商家在后台系统中录入商品信息，包括商品名称、描述、价格、图片等，并将其分类展示给消费者。

2. 用户选购与下单

用户通过淘宝 App 或网页端访问淘宝买菜入口，浏览并选择需要购买的商品，将商品加入购物车，确认数量和其他选项后，进入结算页面；然后根据自身需求选择自提点自提或家庭配送服务；订单确认无误后，选择支付方式进行付款。

3. 订单处理与配送

商家接收到订单后，进行商品准备和打包。根据用户选择的自提或配送方式，安排自提点配送或相应的物流。如果是自提点自提，则通知用户在指定时间内前往自提点取货；如果是家庭配送，则直接送至用户家中。

有意向成为自提点的商家或个人可申请成为团长，上传相关信息并等待审批。获批后，自提点负责人负责接收和保管商品，直至用户前来取货。

4. 客户服务与售后

用户若对商品有任何不满意，可通过平台客服申请退换货或投诉。平台收集用户反馈，用于提高服务质量和商品品质。

以上是社区电商运营的整体流程，在这过程中营销与推广十分重要，这是进行用户拉新、促活、留存、转化的关键环节。淘宝买菜会定期举行各种优惠促销活动，比如低价、满减、发红包等，吸引用户参与，提升销量，此外也会通过积分、优惠券等方式激励用户再次购买。淘宝买菜会基于大数据持续监控销售数据，分析用户行为，优化商品结构和营销策略；同时与供应商紧密合作，确保商品供应稳定，成本控制合理。通过上述关键环节及策略，淘宝买菜能够高效地连接供应商、商家与消费者，提供便捷的购物体验，同时也为商家提供了新的销售渠道。

四、社区电商的用户运营技巧

一个良好的用户成长体系，能带领用户实现从新手到种子用户的转变，和用户建立情感关联，最终实现用户黏性和平台价值的提升，实现社区变现，口碑效应等。在社区电商的用户运营方面，小红书可以算是成功的案例，其用户运营技巧如下。

（一）明确自身定位

小红书的活跃用户主要分布在一二线城市，其平台女性用户占比近 80%，使用人群年龄集中在 18~34 岁。可见，小红书的服务对象主要为一二线城市的青年女性。青年女性在购物和分享欲上富有热情，对新事物有好奇心，同时具有一定的购买能力。用户打开小红书之后就能看见包括美妆、服饰穿搭、美食等各种符合用户品位的内容。

针对用户特点，小红书将 Logo 的主题颜色设置为红色，展现年轻人的活力与对时尚的追求，其定位是年轻人的生活方式分享社区。小红书提供了一个生活方式平台和消费决策入口，针对一二线城市青年女性用户的定位使小红书社区内的活跃度高，订单转化率高。

（二）刺激社区用户传播动力

社区电商以人为核心，人都有社交互动的需求，都有自我展示和得到别人认可的需求。在小红书，用户每次成功发送笔记后平台都会自动生成分享图或复制链接，便于用户分享给站内好友、微信好友以及分享到朋友圈等，用户还可以在其主页设置置顶笔记展示分享者的日常和人格魅力。另外，小红书根据名称谐音把用户称为"红薯宝宝"，将用户成长等级分为十个不同的角色，搭建了一个用户形象成长体系，构成了不同用户之间的身份差别。其中包括"尿布薯""奶瓶薯""困困薯"等，每个等级有不同的升级任务，要完成相应的任务才能升级，比如要成为"尿布薯"必须要点赞、收藏、评论各一次并且发布一篇笔记。小红书的这种等级构建形成了用户身份上的差异，提高了"红薯宝宝"的参与感和优越感，促使其积极传播。

（三）加强社区成员连接

小红书将有影响力的用户作为中心节点，通过与这些中心节点建立连接，在中心节点的带领之下，产生引爆社区的强大能量。例如，小红书邀请明星入驻小红书，这些明星本身就具有很多粉丝，通过入驻小红书可以将明星的粉丝顺势转为小红书自己的用户，而且这些明星在小红书上分享美妆、穿搭、好物等可以吸引众多粉丝。当然中心节点并不仅只有明星，普通用户借助网红孵化平台，进行长时间的账号运作和名气积累也能向外辐射影响力，成为某一领域有影响力的用户。

（四）借助用户口碑传播，扩大影响效应

小红书平台的开放性为消费者表达提供了渠道，消费者逐渐成为生产者和销售者。相比于品牌方对产品的单向描述，潜在消费者更相信现有消费者提供的全面而真实的双面描述。这种 CGC（消费者生成内容）通过社交关系链的传播，形成小红书口碑背书，提升品牌知名度，反而更容易获得潜在消费者的信赖。

※　概念解读

CGC（Consumer Generated Content，消费者生成内容）指的是由消费者而非传统内容提供者（如媒体、企业等）创作的内容，是一切具有消费评价或者创作性质的内容生产，包括用户评论、微博、照片、视频、对某产品的试用评价以及其他多种形式的原创内容。CGC 是用户参与和互动的产物。

※ 协作探究

探究背景

美团优选成立于 2020 年 7 月，是美团旗下的社区团购平台，采取社区团购模式下常见的"预售＋自提"模式，用户可以在每天 0 点到 23 点通过美团优选微信小程序下单，次日到门店或团长处自提，最早中午前就可收到商品。这种模式实现了按需集中采购，减少了商品的运输、存储时间，从而保障了商品的新鲜度并降低了损耗。

美团优选运营模式的核心是数据驱动。通过收集和分析用户行为数据、消费习惯数据等多维度的大数据，美团优选深度挖掘用户需求和行为规律，为用户提供个性化的产品和服务推荐，从而提高用户的满意度和购买转化率。目前，美团优选的商品种类包括蔬果、肉禽蛋、乳制品、酒水饮料、家居厨卫等品类，十分丰富，满足了社区居民的多样化需求。这种模式特别适合下沉市场，能够有效覆盖大部分市县，快速满足社区家庭用户的日常消费需求。

美团优选利用自身的品牌影响力和流量优势，吸引了大量的品牌商家入驻，同时还与品牌商家进行合作，推出专属产品和服务，通过品牌溢价实现双赢。此外，美团优选注重用户体验和售后服务。从供应链、采购、质量控制等环节进行严格把关，确保商品的品质；提供快速便捷的售后服务，包括退换货、维修等，以增强用户满意度和忠诚度。

探究内容

简要分析美团优选能够在激烈的社区电商竞争中脱颖而出的原因。

探究结果

美团优选能够在激烈的社区电商竞争中脱颖而出，主要原因可以归结为以下几点：

（1）依托美团的技术基础和零售经验，美团优选具备强大的竞争优势和定力，这种综合优势使得美团优选在面对激烈竞争时能够保持稳定发展。

（2）采取"预购＋自提"的运营模式，不仅满足了消费者对生鲜商品新鲜度的需求，还通过集中采购降低了成本，实现了价格优势。引入团长制度，通过团长作为社区的关键节点，实现了线上线下的紧密结合，提高了用户的参与度和黏性。

（3）高效的供应链管理和物流配送体系的建立，实现了从采购到配送的全程优化；利用大数据和人工智能技术，对商品销售进行精准预测，有效减少了库存积压和损耗，降低了运营成本；采用分仓配送模式和固定配送时间的方式，确保了商品在规定时间内准时送到消费者手中。

任务四　社群电商

一、认识社群电商

（一）社群电商的含义

社群电商依托于社群，是社群经济的一种具象体现，从某种意义上来讲，社群电商是一种基于社群经济生态衍生的新型商业模式。

对社群电商来说，社群是关系属性，电商是交易属性，社群电商绝对不是一次新的颠覆性商业模式，而是商业本质的一次回归，是互联网电商的一种延伸。社群电商的模式是商业模式不断演化的结果，在某种意义上它可以被认为是客户关系管理（CRM）模式的一种升级。

社群电商不同于粉丝经济，粉丝经济是以明星或者网红为基础，由于粉丝对其喜爱，便倾向于消费其推荐或使用的产品，本质上属于赋能型的销售模式。社群电商可以复制，且不需要明星或者网红这种稀缺型资源。

从某种意义上来说，社群电商是一套客户管理体系，通过客户的社群化充分激活企业的沉淀客户，它抛弃了传统的客户管理方式，将每一个单独的客户通过社交网络工具进行了社群化改造，利用社会化媒体工具充分调动社群成员的活跃度和传播力。社群电商的模式不仅适用于传统电商，也适用于移动电商，甚至它也适用于仅仅通过社交工具进行销售的微商。

※　概念解读

客户关系管理（CRM）是一种广泛应用于企业管理的方法论、策略以及软件系统，旨在帮助企业更好地理解和管理与客户的关系。它涉及使用各种策略和技术来管理公司与现有和潜在客户的互动。CRM是现代信息技术、经营思想的结合体，它以信息技术为手段，通过对以"客户为中心"的业务流程的重要组合和设计，形成一个自动化的解决方案，以提高客户的忠诚度，最终实现业务操作效益的提高和利润的增长。

（二）社群电商的特点

社群电商的特点有以下三点，如图4-13所示。

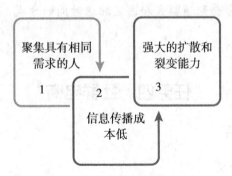

图 4-13　社群电商的特点

1. 聚集具有相同需求的人群

社群电商具备社群的基本属性，而社群的本质是同好的聚集，具备相同爱好或者有相同需求的人聚集在一起形成了社群关系，比如由小米"发烧友"汇聚形成的"米粉"社群。相对于传统寻找目标消费者的过程，社群的汇聚几乎是自然而然形成的，从效率和质量上来说都更加纯粹而便捷。而具备相同爱好的社群成员间必然存在相同或者相似的产品需求以及生理上的或者心理上的需求。

2. 信息传播成本低

基于相同爱好或相同需求的社群成员之间往往认同度更高，互动更加频繁，这使得信息传播成本更低。在商品销售活动中，商品的传递和信息的传递是两个关键环节。社群成员间的信息传递更具优势。基于社群的电商交易打破了传统电商平台帮助交易双方进行供需对接的模式，形成了用户口碑"碎片化"传播。社群成员间的信任感起到了社交关系间的润滑作用，进一步降低了信息传播成本。

3. 强大的扩散和裂变能力

社群电商最强大的地方在于"病毒式"的扩散和裂变。以拼多多为例，其抓住社群成员需求和兴趣点，精准发布营销内容。通过"拼团""拼小圈""砍一刀"等方式实现用户增长。

二、社群电商的运营模式

（一）建立社群

建立社群的核心步骤是确定社群目标消费者、明确社群定位、规划社群结构和确定社群运营目标及社群规则。

1. 确定社群目标消费者

确定社群目标消费者即明确构建社群圈定的是哪些人群。这是建群的第一步，也是至关重要的一步，决定了未来社群运营的精准度。因为社群活动的开展都是围绕着群内成员进行的，社群成员越精准，才越有可能产生价值。

2. 明确社群定位

根据社群功能的不同，可以对社群定位进行细分。常见的社群类型有如下几种，如图 4-14 所示。

图 4-14　常见的社群类型

（1）产品群：以产品为核心搭建的社群，如品牌粉丝群。产品群需要有鲜明的品牌文化，吸引对品牌文化认可的粉丝。此类社群以购物为导向，需要有丰富的活动和新品，营造良好的购物氛围。

（2）内容群：以内容为核心搭建的社群，消费者多数是被优质内容吸引而来。此类社群需定位于某个垂直领域，产出的内容都围绕主题展开，需要定期分享优质的知识干货，提升社群价值。

（3）福利群：主要为了给消费者提供福利优惠，同时发布折扣产品，促进消费。

（4）会员群：主要针对付费会员，目的是分享专业内容和宣传品牌，让消费者更加认可品牌，从而激励消费者持续复购。

3. 规划社群结构

规划社群结构通常从入群门槛、成员构成两个方面入手。入群门槛决定了群内消费者的质量。合理的成员结构能够让社群成员找到归属感以及在社群中的角色定位，顺利开展各项社群活动，提升社群的活跃度。

4. 确定社群运营目标及社群规则

建立社群时还需要确定社群运营目标及社群规则。

在社群建立前，商家需要有一个清晰的规划和目标，简单来说，就是建立社群是为了什么。只有清晰地定位，才能进行精准营销。社群的运营目标一般分为短期目标和长期目标。短期目标为长期目标服务，有了清晰的运营目标，营销效果自然会更好。另外，社群也需要规则来规范成员行为。有了社群规则一方面可以对社群消费者进行约束，另一方面也可以维护社群的和谐环境。

（二）促进社群消费者增长

常见的促进社群消费者增长的方式有利用垂直社区引流、利用线下场景引流、利用垂直社群引流以及利用好友推荐引流。

1. 利用垂直社区引流

社群电商运营人员可以将营销软文发至目标消费者经常去的论坛等渠道，利用软文进行社群人员招募。例如，水果类产品可以在今日头条发布高质量的文章进行引流。

2. 利用线下场景引流

线下场景更容易建立信任，比较容易获取目标消费者。例如，母婴类产品可以派线下营销人员去妇幼医院、产后恢复中心进行线下营销，引导婴儿家长加入社群。在社群中，婴儿家长可以就育婴知识进行探讨，通过家长间的相互沟通和企业的营销引导，可以实现较高的转化率。

3. 利用垂直社群引流

社群电商运营人员可以主动加入一些微信群、QQ 群等精准社群，将这些精准社群中的用户导流至自己的社群。但在操作的过程中应注意不能入群就发广告，而应该多和社群中的人交流，多刷存在感，建立自己在社群内的认可度，然后再进行导流就会比较容易。例如，在进行服装类产品的社群营销时，可以先加入服装类社群，进群后主动和社群成员分享自己的穿搭心得，然后在与社群成员互动的过程中将其导流至自己的社群进行营销。

4. 利用好友推荐引流

对于没有消费者基础或粉丝基础的企业，在开展社群营销时可以利用信任推荐的方式来进行引流拉新。为了更好地刺激消费者进行拉新，可以策划一些拉好友入群送福利的活动，增加群内成员参与的积极性。

（三）开展社群营销

对于社群运营者来说，当社群成员达到一定规模后就可以正式开展社群营销，开展社群营销需要掌握一定的技巧。

（1）尽量选择合适的产品供应商，降低产品的采购成本，保证产品的价格优势，除此之外还要学会搭配产品类型，制定合理的价格区间，让消费者在选择时有更大的选择空间。

（2）增加营销活动类型，保存老客户，吸引新流量。社群就像实体店一样需要用心经营。可根据新老客户设置分级活动，如红包带动分享、转发集赞、秒杀、人气产品免费领等营销活动，通过这些有创意的营销活动来吸引社群成员购买。

（3）完善售后服务体系。在社群内可以设置专门的客服人员，一旦出现售前或售后问题，及时反应，妥善解决，避免客户流失。

（四）社群日常管理

社群电商运营的主要目的是开展社群营销，与此同时，社群的日常管理也不容忽视，社群日常管理包括的内容如图 4-15 所示。

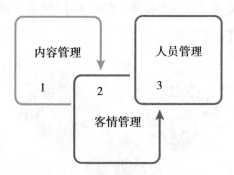

图 4-15　社群日常管理的内容

1. 内容管理

内容管理包括活动内容管理和互动内容管理。活动内容管理需要社群管理员根据群规则对群成员策划组织的活动或分享的活动进行审核监督管理；互动内容管理需要社群管理员根据群规则对群成员互动发布的内容进行审核监督。

2. 客情管理

客情管理主要包括群成员情绪的引导、群成员所提问题的解答、产品或服务售后问题的处理等内容。例如，社群管理员可以让群成员提出他们想问的问题，之后帮他们解答，社群管理员要时刻关注群内的消息，及时解答群成员的问题，了解群成员的意向后提供解决方法，这样就可以让群成员对这个群的依赖性和好感度增强，同时能保持社群的活跃度。群成员问题解答如图 4-16 所示。

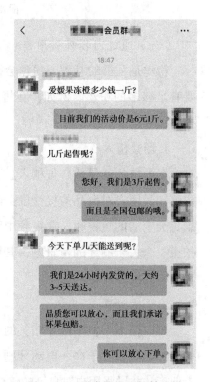

图 4-16　群成员问题解答示例

3. 人员管理

人员管理主要包括进群人员审核和淘汰人员"移出"。进群人员审核是根据入群规则对申请入群的人员资质进行审核；淘汰人员"移出"是将违反社群规则的群成员移出社群。例如，社群管理员可以定期清理群内的潜水成员，并积极拉入新成员，为社群注入新鲜血液，同时对社群里出现的一些常发小广告的人，也需要及时清理。

三、社群电商变现流程

社群电商变现通常需要以下 3 个步骤，如图 4-17 所示：通过内容吸引用户；把用户引流到社群；维护社群，实现转化。

图 4-17　社群电商变现的步骤

（一）通过内容吸引用户

粉丝是社群的基础，粉丝会被内容吸引而来，所以通过社群电商变现的第一步是要有足够多的粉丝。例如，在售卖一款电动牙刷时，可以通过场景植入、干货分享、直接种草这 3 种形式输出内容。

1. 场景植入

场景植入就是软广告植入。通过场景植入，商品的功能和特点会潜移默化地被用户感知，用户对商品的接受度会随之提高，购买欲也会增强。比如，可以拍摄一条记录每天生活的短视频，在视频中明显地露出电动牙刷的品牌包装或使用方法。也可以拍摄一个关于刷牙的情景剧，其风格可以是搞笑或温馨的，但注意视频中一定要有电动牙刷的特写镜头。

2. 干货分享

可以输出一些跟刷牙相关的生活小技巧或专业知识，比如刷牙的注意事项、如何刷牙才能又快又干净、电动牙刷和普通牙刷有什么不一样等。这些干货内容可以体现专业度，并增强用户对自己的信任感。

3. 直接种草

直接种草即采用真人出镜的方式演示商品的用法，并用夸张的动作和语言来渲染气氛，引导用户对商品产生极大的好奇心。

（二）把用户引流到社群

通过输出的内容使用户了解商品，在了解商品的基础上，如果还能获取用户的信任，那么接下来就可以考虑把用户引流到社群。把用户引流到社群主要分为3步：增加粉丝数量；提高和粉丝的互动频率；从互动频率高的粉丝中筛选目标用户，将目标用户拉入社群。

1. 增加粉丝数量

已知涨粉公式：涨粉 = 内容质量 × 长期价值。用户只有在觉得输出内容有价值、不愿错过时，才会关注账号，从而成为粉丝。所以涨粉的关键就是打造好内容，引发用户关注。同时，还要多输出作品，用作品数量来体现账号的长期价值。只有保证账号的内容质量和长期价值，粉丝数才可能快速增长。

2. 提高和粉丝的互动频率

和粉丝互动时，有两个小技巧可以参考。

（1）及时跟进。应尽量在第一时间回复用户的评论或私信，让用户觉得被尊重，同时也能满足用户的期待。

（2）重点回复。要重点回复以下几类评论：经常互动的粉丝的评论、名人的评论以及有负面情绪的评论。要多花心思维护"真爱粉"，这些人是未来变现的核心用户；自带流量的名人有很多粉丝，这些粉丝可能会因为名人的评论而成为自己账号的粉丝；对于有负面情绪的评论，更要以专业的态度来维护，让粉丝感受到被认真对待。

3. 筛选目标用户，将目标用户拉入社群

当粉丝喜欢参与互动时，就可以搭建社群了。社群有很多种，包括 QQ 群、微信群等。对于不同类型的群，拉群方式差别不大。这里重点介绍 3 个吸引粉丝入群的方法。

（1）限时福利。即设置一个限时福利活动，并通过评论或私信告诉粉丝："商品限时买一送一，入群即可享受福利。"

（2）拼团模式。即设置一个拼团活动，先拉少量粉丝进群，然后通过拼团打折的方式，吸引粉丝拉更多人进群购买。

（3）好礼赠送。比如拿一些成本较低的商品作为礼品，将它们免费赠予前 200 名入群的用户，以吸引更多用户进群。

（三）维护社群，实现转化

社群搭建好后，需要进一步对社群进行维护，并通过社群实现变现。社群维护的技巧如下：

（1）控制广告发布频率，也不要让群里的人随便发广告。

（2）通过设置管理员和话题员实现增加话题数量，每天通过各种话题激活粉丝。

（3）多提供有营养的信息，让粉丝感受到社群的价值。

（4）把粉丝当成朋友，消除彼此的距离感。维护好社群，获取社群粉丝的认同和信任之后再进行商品销售，此时的购买转化率就会特别高。

※ 协作探究

探究背景

麦当劳的企业微信社群按照餐厅维度来搭建，社群运营方式分为三种：一是群管家麦麦种草官根据主题日的活动，发布信息和内容，为顾客答疑解惑，同时给予温馨提示；二是全国大型促销活动，例如麦当劳抖金店要进行线上直播，会提前在微信群里同步信息、与粉丝互动；三是主题营销计划，例如麦当劳与其他品牌合作，推出抢门票、周边产品等活动。麦当劳的社群定位更强调与消费者直接的交流和沟通，要能够保证365天群里不间断地有信息和消费者进行互动，如问答题、猜盲盒等。同时消费者也可以把消费体验、疑惑及时反馈在社群里，管理员及时地为消费者答疑解惑、提供更好的服务。麦当劳的社群管理更重要的是提升用户黏性以及用户对麦当劳的好感度、满意度。

探究内容

麦当劳的社群属于什么类型的社群？

探究结果

常见社群类型有产品群、内容群、会员群、福利群。每种类型的社群在营销策略上都有其独特的侧重点：产品群以产品为核心，需要有丰富的活动和新品；内容群注重优质内容产出；会员群主要是针对会员分享专业内容，提升会员认同感；福利群是分享福利优惠，发布折扣产品。从这个角度来分析，麦当劳的社群类型并不是单一的，而是将四种社群类型相结合，既是产品群，为消费者推送产品，还是内容群，为消费者科普小知识，产出主题内容，同时又是福利群，不定时地为消费者提供各种福利优惠，也是会员群，吸引消费者注册会员，享受更多福利。

※　政策导引

七部门联合发布《网络直播营销管理办法（试行）》

网络直播营销，也就是通常所说的直播带货，作为一种新兴商业模式和互联网业态，近年来发展势头迅猛，在促进就业、扩大内需、提振经济、脱贫攻坚等方面发挥了积极作用，但同时出现了直播营销人员言行失范、利用未成年人直播牟利、平台主体责任履行不到位、虚假宣传和数据造假、假冒伪劣商品频现、消费者维权取证困难等问题。

2021年，国家互联网信息办公室、公安部、商务部、文化和旅游部、国家税务总局、国家市场监督管理总局、国家广播电视总局等七部门联合发布《网络直播营销管理办法（试行）》（以下简称《办法》），自2021年5月25日起施行。《办法》对从事直播电商的相关人员、机构、平台画出明确红线，旨在规范网络市场秩序，维护人民群众合法权益，促进新业态健康有序发展，营造清朗网络空间。

《办法》坚持立足当前与着眼长远相结合，坚持促进发展与规范管理相结合，坚持继承性与创新性相结合，充分考虑网络直播营销发展趋势、行业实际、各类参与主体特点，按照全面覆盖、分类监管的思路，一方面针对网络直播营销中的"人、货、场"，将"台前幕后"各类主体、"线上线下"各项要素纳入监管范围；另一方面明确细化直播营销平台、直播间运营者、直播营销人员、直播营销人员服务机构等参与主体各自的权责边界。

《办法》要求，直播营销平台应当建立健全账号及直播营销功能注册注销、信息安全管理、营销行为规范、未成年人保护、消费者权益保护、个人信息保护、网络和数据安全管理等机制、措施。同时，《办法》还对直播营销平台相关安全评估、备案许可、技术保障、平台规则、身份认证和动态核验、高风险和违法违规行为识别处置、新技术和跳转服务风险防范、构成商业广告的付费导流服务等做出详细规定。

《办法》将从事直播营销活动的直播发布者细分为直播间运营者和直播营销人员，明确年龄限制和行为红线，对直播间运营者和直播营销人员相关广告活动、线上线下直播场所、商品服务信息核验、虚拟形象使用、与直播营销人员服务机构开展商业合作等方面提出具体要求。

《办法》提出直播营销人员和直播间运营者为自然人的，应当年满十六周岁，要求直播间运营者、直播营销人员遵守法律法规和公序良俗，真实、准确、全面地发布商品或服务信息，明确直播营销行为 8 条红线，突出直播间 5 个重点环节管理，对直播营销活动相关广告合规、直播营销场所、互动内容管理、商品服务供应商信息核验、消费者权益保护责任、网络虚拟形象使用提出明确要求。

《办法》还要求，直播间运营者、直播营销人员与直播营销人员服务机构开展商业合作的，应当与直播营销人员服务机构签订书面协议，明确信息安全管理、商品质量审核、消费者权益保护等义务并督促履行。

《办法》强调，直播营销平台应当积极协助消费者维护合法权益，提供必要的证据等支持。直播间运营者、直播营销人员应当依法依规履行消费者权益保护责任和义务，不得故意拖延或者无正当理由拒绝消费者提出的合法合理要求。

《办法》提出，国家七部门建立健全线索移交、信息共享、会商研判、教育培训等工作机制，依据各自职责做好网络直播营销相关监督管理工作。各地各部门要加强监督检查，加强对行业协会商会的指导，查处违法违规行为，对严重违反法律法规的直播营销市场主体依法开展联合惩戒。

※ 企业创新

丸美深耕年轻市场　科技护肤与新零售渠道共舞

在化妆品市场竞争趋向白热化的当下，国货护肤品牌丸美凭借其强大的科技护肤实力和创新的营销策略，成功实现了营收的稳步增长。2023 年，丸美股份以近 50% 的净利润增长，再次证明了其在彩护领域中的强劲竞争力。

作为一家致力于科技护肤的化妆品品牌，丸美始终关注年轻消费者的需求变化。为了更好地满足年轻消费者追求便捷、注重亲身体验的购物需求，丸美积极拥抱新零售，与三福百货、KKV、恋惠优品、奥特乐、YOYOSO 韩尚优品、Ouyihan 讴忆韩、MUMU FAMILY、纪念日百货、兜兜百货等众多知名线下门店展开深度合作，共同打造年轻人喜爱的购物体验。这种深度互动的体验式营销方式，不仅增强了消费者对品牌的信任感和忠诚度，也为品牌带来了更多的口碑传播和销售机会。

丸美在深化线下布局的同时，也注重线上渠道的优化与拓展。通过电商板块的强化，如入驻天猫、抖音等平台，实现了线上线下资源的整合，提升了整体销售效率和品牌影响力。同时，丸美实施分渠分品策略，在线上线下进行差异化布局，并根据不同渠道的特点提供不同的资源和支持。

在开拓新零售渠道的同时，丸美坚持推行大单品策略，基于已成功打造的多款明星单品，聚焦"科技护肤"的核心大单品。在新零售渠道，丸美主推的三款产品——小红笔、小紫弹、小金针，以其出色的科技护肤表现，赢得了年轻消费者的青睐。

2024年1月3日，"'万象更芯'2024年丸美股份年度总经理会议"盛大开启。丸美重磅发布"史上最严防窜控价令"——2024年线下渠道防窜和控价新政策，在制度层面和执行层面，以极度严厉和强硬的规则，直击"货"与"价"的痛点，以"6把利剑"高度保障政策严格落实。此次丸美的防窜与控价新政策，既是其对线下渠道整改的决心展示，也是其在新零售领域的一次探索实践。

时代之变、行业之变正以前所未有的方式展开。丸美在整合自身资源、加强管理创新的同时，还将继续深耕年轻消费市场，不断推出更多符合消费者需求的产品和服务。同时，丸美也将继续加强与新零售渠道的合作，探索更多创新的营销方式，推动品牌持续发展和壮大。

（资料来源：网络公开资料整理）

※　思政园地

美团优选注重研发与合作的运营模式

在当今快速发展的数字经济时代，美团优选作为领先的电商平台，其注重研发与合作的运营模式不仅为市场带来了卓越的产品和服务，也凸显了创新、合作、工匠精神的重要性。

美团优选在研发上的投入和成果，充分展现了创新作为企业发展的核心动力。比如，基于自研自动配送车，重点突破城市复杂环境自动驾驶的多传感器融合感知、高精度定位、轨迹预测、决策规划、行为仿真等技术，打造车规级自动驾驶平台和大规模地面自动配送能力，激发学生在学习、实践中培养自己的创新思维和创新能力，成长为具有创新精神和创新能力的新时代人才。

美团优选通过与供应商、物流公司、支付平台等多方合作，构建了一个完整的电商生态体系，为消费者提供了更加全面、优质的服务。这种合作模式体现了合作共赢的理念，引导学生树立正确的合作观念，学会在合作中寻求共赢，培养他们的团队精神和协作能力。

美团优选在运营过程中，始终秉持着工匠精神，追求产品和服务的高品质。在商品选择、物流配送、售后服务等方面都做到了极致，为消费者提供了优质的购物体验。这种工匠精神引导学生树立追求卓越的品质意识，培养其精益求精、追求卓越的精神品质。

思考：如何在学习、实践中培养自身的创新精神？

※ 思考与练习

请扫描右侧二维码获取资源，完成相关练习。

（项目四 习题）

项目五　新零售电商场景打造

知识目标

1.熟悉常见的消费者生活场景；

2.了解新零售消费场景的发展趋势；

3.熟悉新零售背景下供应链重构的新趋势与供应链体系重构的要求；

4.了解供应链体系重构的类别及各自特点；

5.熟悉场景化新零售模式的特征；

6.掌握场景化新零售模式下的消费者分析。

能力目标

1.能够概括基于消费者体验需求的场景优化方法；

2.能够理解并阐述供应链体系重构的方法；

3.能够掌握企业打造场景化新零售模式的方法。

素养目标

1.具备锐意进取、开拓创新的互联网意识；

2.具备传统零售行业职业素养的同时，培养新零售营销、服务思维；

3.具备遵纪守法意识，在新零售电商场景打造全过程中遵守相关法律法规。

🌀 **学习导图**

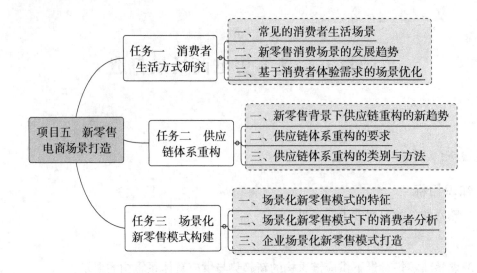

任务一 消费者生活方式研究
- 一、常见的消费者生活场景
- 二、新零售消费场景的发展趋势
- 三、基于消费者体验需求的场景优化

项目五 新零售电商场景打造

任务二 供应链体系重构
- 一、新零售背景下供应链重构的新趋势
- 二、供应链体系重构的要求
- 三、供应链体系重构的类别与方法

任务三 场景化新零售模式构建
- 一、场景化新零售模式的特征
- 二、场景化新零售模式下的消费者分析
- 三、企业场景化新零售模式打造

任务一 消费者生活方式研究

一、常见的消费者生活场景

场景是零售店铺在对目标消费者生活方式进行准确洞察、全面研究的基础上，构建出的一种商品销售场合，因此场景也可以看作消费者生活方式的集中体现。从消费者的生活方式研究新零售电商的场景，可以从以下方面切入：

（一）吃的场景

每个人的生活都离不开一日三餐，因此吃是消费者日常生活中出现频率最高的一个场景，如图5-1所示。在吃这个场景下，零售商有很多可以发挥的空间，发挥好的

图 5-1 吃的场景示例

话便可以使消费者产生更多复购。因此零售商可以对吃的场景做更多深入研究，在这个场景下，可以开发出更多有价值的场景化形式。

（二）居家场景

家庭在每个人的心中都占有相当重要的分量，在消费购买当中，居家场景是除了吃的场景之外最常见的场景，如图5-2所示。零售商可以根据目前中国社会的家庭情况，开发出适合目前消费者需求的家庭场景化模式，如单身世界、二人世界、三口之家等，还可以进一步开发出卧室、客厅、厨房、餐厅等不同的家庭场景。

图5-2　居家场景示例

（三）社交场景

人是社会中的一分子，每个人都会不定时地处于与他人的交流沟通当中。有时候，为了更好地促进人与人之间的交流，会举办各种各样的活动，如同学聚会、朋友聚会、音乐会等，如图5-3所示。零售商可以根据不同的社交场景诉求开发出适合消费者需

图5-3　社交场景示例

求的产品，比如喜茶推出的情人节"心有所属"系列、夏季冰爽果茶系列，不仅贴合时令，还融入了特定节日或季节的情感元素，吸引情侣约会或朋友聚会时购买。

（四）办公场景

办公室聚集了中青年群体，这些人大概率是零售店的目标消费群体，针对这些目标消费群体形成的办公场景进行进一步开发是新零售的发展方向之一。不过不同行业的办公场景会有一定的差异性，零售商要根据不同行业的人群特点、行业特点开发出更有价值的办公场景。办公场景如图5-4所示。

图5-4　办公场景示例

（五）出行场景

现如今，随着消费者出行需求的上升，以及人们对方便、快捷、安全、独立出行方式的追求，使人们对出行场景的要求更高。零售商可以通过技术升级革新、场景相互融通构建更受消费者认同的出行场景。出行场景如图5-5所示。

图5-5　出行场景示例

（六）户外场景

户外运动产业在国内形成历史较短，但近年来呈现快速发展的势头，与此同时，消费者在户外场景中的需求也日益增多。如何实现消费者的所想即所得，如何满足消费者在户外场景中的相关需求，这些都是零售商在户外场景开发中需要考虑的问题。户外场景如图5-6所示。

图5-6　户外场景示例

（七）健身场景

当健身从一个相对小众的爱好走向大众，购物中心里的健身场景也越发多样，个性化、潮流化、年轻化逐渐成为健身行业的显著特点。与此同时，人们不再满足于设备齐全的传统健身房，聚焦细分类别的专项健身馆开始出现，以新模式、新业态、新体验丰富了健身消费场景，备受消费者青睐。但在目前，围绕健身方面的场景开发总体偏弱，不论是厂家的商品开发，还是零售店的商品表现均有很大的上升空间，因此零售商可以围绕健身场景做进一步开发。健身房中的零售场景如图5-7所示。

（八）健康场景

健康已成为当下许多人的关注焦点，人们的健康意识进一步增强，因此未来围绕健康主题会形成更大的市场空间。零售商可以通过塑造与消费者有关的健康场景来销售自己的产品，如图5-8所示。例如，海尔智家在推广自家产品时会为消费者构建很多健康场景：消费者可通过智能血压计、血氧仪等产品实现自助式健康监测；具有慢性病的消费者，可通过制氧机便捷居家氧疗；消费者还可以使用智能按摩椅进行按摩

图5-7　健身房中的零售场景示例

理疗，同时，健康指标可以实时上传至"健康数据平台"，并提供解决方案，消费者也可通过海尔智家App连接相关产品，远程关注家人的健康状况。

图5-8　健康场景示例

二、新零售消费场景的发展趋势

随着新零售的发展，消费场景会逐渐出现分化，越来越多的场景模式会出现在消费者面前，虽然无法预测在未来还会出现哪些消费场景，但是新零售消费场景的发展趋势是可以确定的。

（一）技术助推沉浸式购物场景

传统的购物场景往往通过现实环境来塑造，如通过装潢、颜色、音乐、气味等，但是在网络购物渠道中并不能利用这些手段。网络营销中最大的问题就是无法现场体验，服装穿在模特身上很漂亮，穿在消费者身上就变样，买家秀和卖家秀的差异遭人诟病。随着 VR、AR、裸眼 3D 等技术的成熟，消费者可以在购买前直接看到自己使用该产品的场景，如服装的上身效果，口红色号是否适合自己的肤色，包包是否和现有的服装搭配等。这种沉浸式购物场景将在许多情况下被综合运用，提升消费者的购物体验。

（二）跨界融合越来越多

传统的消费场景往往根据产品分类来设计，以满足消费者某一方面的需求，体现出很强的专业性。但是随着消费者的需求越来越复杂，消费行为碎片化，单一的零售模式已经很难满足消费者的需求，跨界融合将成为未来发展的趋势。例如，盒马鲜生的新零售模式，如图 5-9 所示，其线下实体店就是典型的超市、餐饮、App 和物流的融合。在将来这种融合趋势将进一步扩大，不仅是零售产业内不同业态的融合，甚至还会出现零售业和其他产业的融合。例如，零售业和交通、旅游、文化等产业的融合是目前发展的一个热点，零售和消费者工作场景的融合也极具发展潜力，零售和医疗、保险、金融等生活服务行业的融合同样值得期待。

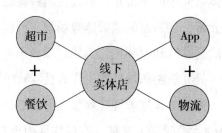

图 5-9　盒马鲜生的新零售模式

（三）向次级消费区域下沉

在新零售发展的早期，由于成本因素、技术稳定性和消费者接受程度的限制，新零售试验基本上局限于国内一、二线城市，消费受众有限。随着新零售的逐渐发展，各类新零售消费模式逐渐成熟，成本下降，消费者开始熟悉并接受新零售，向次级消费区域的下沉成为必然。但是这种下沉并不是将一、二线城市已经成熟的模式完全照搬到三、四线城市。众所周知，三、四线城市消费者的消费习惯与一、二线城市消费者存在巨大差异，尤其是农村消费者有着独特的消费习惯。因此，新零售企业需要根据区域消费特征来进行改造，创造出更符合次级消费区域消费者需求的消费场景来。

三、基于消费者体验需求的场景优化

（一）多元化挖掘现有场景

消费者的某些需求要在特定的场景下才会被激发。场景设计要找到符合消费者特定需求的场景，只有符合消费者的场景营销体验需求，才能激发消费者对于场景营销的兴趣与认可。应用互联网技术、大数据分析，从商品特点、服务需求、消费数量等方面多元化挖掘现有场景，对接消费者对于场景的需求状况，设计相应场景，实现多维度场景的挖掘与设计。例如，沉浸式健身场景将人工智能视觉识别、大数据分析、全息大屏等技术融为一体，采用全息大屏、动画引导、多点触碰等多种手段，使锻炼者在娱乐中达到健身效果，将健身的枯燥感降到最低。与传统健身不同的是，沉浸式健身的优势是具备"沉浸式、场景式、互动性"三大特色。这种智能化的沉浸式场景再搭配专业的健身课程，能够给锻炼者创造极致的健身体验，让健身训练更具乐趣、更有效果。

（二）丰富体验元素，创造新场景

针对消费者工作、生活的实际状况，从消费者日常工作、出行、生活消费等实际情景出发，考虑公共交通出行、日常生活购物场所等问题，注重场景体验元素的丰富化。通过在消费者的工作与生活日常中融入多彩元素，创造新的消费体验场景，可以丰富通勤、购物及生活体验的趣味性和便利性。例如，现在很多的餐饮实体店内，会开辟出一处儿童游乐场，有工作人员看管带领前来就餐的小朋友玩游戏、做手工，这就能让就餐人员安心、舒

（案例 5-1：曲美家居消费者生活方式研究）

适地用餐，享受一段愉悦的就餐时光。又如，在居住区附近打造集休闲、运动、阅读于一体的多功能共享空间，定期举办手工艺、烹饪课程或是亲子活动，这不仅有助于加强邻里关系，还丰富了居民的业余生活，创造了一种新的多元化的消费场景。

（三）艺术体验与场景营销相互结合

艺术是消费者工作、生活中不可或缺的一部分，艺术场景能够带给消费者愉悦与美感。在基于消费者体验需求的场景优化过程中，可以把商品销售与相关的电影、展览、音乐会、传统文化相互结合，设计消费者喜爱的艺术场景，让消费者在消费过程中感受艺术的魅力，提升个人艺术修养。

考虑到目前我国消费者对中国传统文化的尊重和热爱，企业可以采用中国传统文化元素来丰富其艺术体验与场景营销策略。以一家连锁书店为例，该书店可以推出一个"书法艺术角落"，在此区域展示和出售中国传统书法作品、文房四宝以及相关的文

化衍生品。

此外，书店可以定期举办书法课程或茶艺表演，让消费者在选购书籍的同时，也能亲身体验和学习中国传统文化。这些活动不仅能够吸引对传统文化感兴趣的消费者，还能为消费者提供一个静谧的购物环境，增加他们在店内的停留时间。

通过将书法和其他传统艺术形式融入商业空间，不仅能够增强消费者对品牌的认同感，同时也能促进传统文化的传播与发展。这种结合了艺术体验与场景营销的策略，能够帮助企业在激烈的市场竞争中树立独特的品牌形象，并吸引更多寻求文化体验的消费者。

（四）节日场景的设计与优化

注重节日场景营销的设计，优化 O2O 节日场景，以满足消费者对于不同节日的消费体验需求。在对接消费者需求基础上，根据大数据分析与运用，进行各类节日场景设计。在传统节日基础上，创新节日营销，设计各类符合实际的节日场景，如各类购物节、消费者生日、周年庆等，充分满足消费者的节日体验需求。

※　概念解读

O2O（Online to Offline），即线上到线下，是指将线下的商务机会与互联网结合，让互联网成为线下交易的平台。O2O 概念最早起源于美国，但在中国得到了快速发展和广泛应用。O2O 的概念非常广泛，只要产业链中涉及线上，又涉及线下，就可统称为 O2O。

※　协作探究

探究背景

小米有品是小米旗下新生活方式电商，其显著特色之一便是围绕消费者体验，打造高品质、有创意的生活消费品。随着消费者购物体验需求越来越高，新零售消费场景的搭建变得越来越重要。小米有品作为一款集电商、社交、内容等功能于一体的平台，在基于消费者体验需求方面进行场景化优化，主要表现在：

（1）设计遵循简洁原则，简化购物流程，界面操作简单易懂，让消费者能够轻松购买到心仪商品。

（2）以小米生态链为基础，汇聚小米"精而美"的智能产品，在品质把控上轻松解决产品"多而杂"的同质化问题。

（3）精细化 SKU，帮助用户减少决策成本。

（4）物流配送速度较快。一般订单在下单后两天内即可送达，同时提供完善的售后服务，让消费者享受到全方位的服务。

此外，小米有品也会结合消费者日常的生活场景打造各种营销活动，如 3.15 品质节、5.15 购物节、年货合家欢等，迎合节日、场景等打造小米电商购物活动，提升消费者购物热情，增强品牌黏性。

探究内容

结合探究背景内容，试分析新零售品牌可以通过哪些途径优化体验场景。

探究结果

新零售品牌可考虑从以下几个方面优化体验场景，提升品牌消费体验：

（1）深挖消费者需求，洞察消费场景。比如小米有品的消费群体主要为年轻消费群体，该群体追求品质，对生活有一定的审美追求，希望能买到高颜值、个性化的商品，实现自我个性的表达。因此小米有品平台上的产品既有小米自家生产的产品，也有其他品牌的高品质产品。

（2）围绕消费者体验，优化产品设计。小米有品从消费者购物体验入手，优化购物流程，打造极简风格的界面设计，提升消费者购物过程中的审美感知。

（3）满足消费者购物需求，精选商品上架。小米有品结合目标消费群体的需求，严把商品质量关，精细化 SKU，为消费者节约购物决策成本。

（4）提升物流速度，打造高效的物流体验和高满意度的售后服务。

（5）结合常见的消费者生活场景，展开丰富多样的营销活动，引导有价值的消费行为，扩大品牌知名度，增强用户黏性。

任务二　供应链体系重构

一、新零售背景下供应链重构的新趋势

（一）新型的"产品＋服务"模式

早在 2008 年，就有学者提出了全渠道产品服务供应链概念，他们认为全渠道产品服务链模式（其构成如图 5-10 所示），既包含产品流也包含服务流，是两者深度融

合的混合发展模式，即全渠道产品服务链模式需要通过优化服务能力来带动产品销售，最大限度地满足消费者多样化的消费需求。

图 5-10　全渠道产品服务供应链模式构成

目前，我国经济处于恢复性增长阶段，零售企业面临着如何有效刺激消费、提升投入产出比等诸多问题，在此背景下，企业需构建全渠道供应链以应对市场环境的变化：通过线上线下的深度融合，利用 AI 与大数据分析消费趋势，实现库存优化与精准营销；提供个性化定制与高性价比产品，增强消费者体验；加强供应链协同，缩短反应周期，降低成本；优化售后服务体系，建立品牌忠诚度。零售企业需要随着新零售模式的不断发展，全渠道供应链同步升级，演变为"产品 + 服务"模式，为消费者提供更加优质、更加个性化的服务。

（二）新型供应链生态系统产生

随着服务内容与服务质量的不断提升，我国居民消费结构已经由过去的商品消费升级为服务消费，随之对供应链服务提出了更高要求。

互联网时代，产品服务供应链不断完善，多样化与系统化的生态系统逐渐显现。不少企业通过聚合供应链大幅提升了整体的服务能力与交易能力，使自身的供应链平台生态圈愈发完整有序。供应链平台生态圈有效整合了资金流、物流、服务流和信息流，消费者可以结合自身需求享受不同的定制化服务。例如，蚂蚁金服、大润发、菜鸟网络和阿里云是阿里巴巴旗下的全渠道供应链生态系统，通过整合资金流、物流、服务流和信息流，使供应链生态系统的完整性与多样性得到很好的提升，一套更加完整的平台生态圈逐步形成。

（三）产销一体化与智能化

在新零售模式下，全渠道供应链有了明显的优化升级，传统模式下的零售商被部分商家搭建的自主销售平台逐步取代，这些自主销售平台以直接面对消费者的模式来进行生产与加工。在 C2B、O2O 和 F2C 模式下，商品体系发生较大变化，产销一体化模式正式生成。在此模式下，整体的原材料采购、生产计划制订等工作紧密有序地组合在一起，使库存、产能优化和原材料供应等工作得到更大便利，为企业更好地实行产销一体运营计划奠定了良好基础。与此同时，智能化发展速度不断提升，电商平台在整合客户需求之后自动进行订单处理与商品生产，有效地提升管理质量与管理效率。在未来发展中，智能化生产在很大程度上会替代传统人力生产，越来越多的无人工厂将涌现出来。

※ 概念解读

C2B（Customer to Business），即消费者到企业，是互联网经济时代新的商业模式。通俗理解就是消费者有需求了，商家根据需求为消费者定制产品，而不再是商家先把产品生产出来以后再卖给消费者。注意，C2B 不是讨好所有的消费者，而是有非常明确的愿景和固定的核心消费目标群体，这个群体是 C2B 模式能成功运作的主要核心。

F2C（Factory to Customer），即厂商到消费者，是互联网经济时代新的商业模式。F2C 模式是品牌公司把设计好的产品交由工厂代工后通过终端送达消费者，确保产品合理，同时质量和服务都有保证。

二、供应链体系重构的要求

（一）树立新型供应链思维

供应链体系重构需要企业改造单一供应链思维，要求其能够依据自身实际搭建供应链体系，对供应链进行系统性变革，解决新零售模式下的新问题和新挑战。这不仅需要构建与企业相匹配的供应链策略，发挥出供应链在资源优化配置与整合中的核心作用，还需要在供应链环节中各企业之间设置利益共享和风险共担的激励机制，促使他们形成竞争与合作并存的模式。

（二）应用先进的信息技术

实现供应链重构时要重视信息技术的应用。信息技术可以提高企业对供应链业务流程的管理水平。例如，使用先进的全网交互型供应链管理系统，可以提高供应链各环节之间的协同能力，同时可以有效地缩短供应链运作周期，减少库存水平，起到降低供应链成本的作用。

（三）重视信息交流与共享

实现供应链全程信息共享与可视化是供应链体系重构的重点。在进行供应链体系重构时应从企业整体运营的战略视角出发，设计供应链的信息交流和共享机制，构建满足多方利益诉求的供应链体系。另外，为保持信息的一致性和准确性，企业应通过积极沟通让操作流程和信息系统配合紧密，使供应链各环节顺畅衔接。

（四）建立以客户需求为导向的供应商管理系统

以客户需求为导向的供应商管理系统要求供应商能够及时响应客户需求，并根据客户需求进行产品设计。尤其是对于制造企业而言，选择供应商时，必须考虑供应商是否具有足够的能力响应客户需求，且是否具有完善的质量管理体系以满足客户要求。

三、供应链体系重构的类别与方法

（一）供应链体系重构的类别

供应链在企业实现新零售转型中发挥着重要作用，但传统的供应链体系已经无法跟上新零售快速发展的步伐。只有通过供应链体系重构才能满足新零售及时响应的要求，快速、高效地处理新零售销售环节中产生的大量订单。供应链体系重构的类别主要有供应链业务流程重构和供应链场景化价值重构。

1.供应链业务流程重构

（1）含义。供应链业务流程重构是指在原有供应链基础上对企业内部的业务流程进行升级改造，继而整合企业间相互关联的流程，其核心目标是提高供应链的整体运作效率，缩短供应链的响应时间，增强企业供应链的核心竞争力。

（2）特点。供应链业务流程重构具有如图 5-11 所示的 3 个特点。

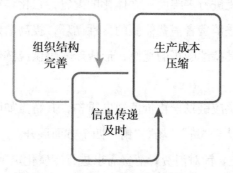

图 5-11　供应链业务流程重构的特点

①组织结构完善。供应链业务流程重构帮助企业完善组织结构，削减效率低下的部门及许多不增值的环节，提高工作效率。另外，企业可以按照具体项目组建面向业务流程的工作小组，并明确小组内部各成员的作用和职责，做到权责统一，使工作小组内的成员享有充分的自主权和决策权。供应链上的联盟企业也可以根据消费者需求集成不同企业或工作小组，构建以核心业务为中心的动态企业联盟。

②信息传递及时。供应链业务流程重构压缩了企业内部信息流的传递时间，使供应链渠道内传播的信息能够被及时、有效地理解。例如，通过将市场销售数据实时提供给供应链的成员，每个成员可以根据其下游企业订货信息和最终消费者需求信息准确、快捷地进行生产决策和存货决策，帮助企业更好地实现JIT（Just in Time）生产和库存清理。

③生产成本压缩。供应链业务流程重构帮助企业有效降低了人为因素在管理中产生的影响，减少中间环节的传递，大幅压缩产品开发周期，并加速产品的更新换代。同时，业务流程重构取消了传统管理模式中多余的监管环节，减少了一些不必要的管理层级，大大降低了企业的管理成本。

※ 概念解读

JIT生产，即准时制生产方式。其出发点首先是准时生产，然后需要将生产过量和其他方面的浪费暴露出来，最后淘汰、调整对应的设备、人员，达到降低成本、简化计划和提高控制的目的。

2.供应链场景化价值重构

（1）含义。供应链场景化价值重构是从消费者的消费需求、消费习惯和消费偏好等方面出发，对商业情境进行多维度、立体化的配置，强化零售商的自主经营能力，促进消费者消费体验的良性循环，提高消费者与场景的黏性，提高其持续购买的意愿，形成新零售供应链创新路径。

（拓展视频5-1：新零售供应链体系重构）

（2）特点。新零售供应链场景化价值逆向重构，其特点如图5-12所示，主要是从"人""货""场""销"四个方面展开。

①"人"的重新定位。针对消费者消费需求进行专属化定制，打造线上线下联动的个性化产品，实现精准营销。这为新零售时代企业重新对消费者定位提供实践支撑，进而逆向驱动供应链场景化价值提升。在这一形势下，消费者不仅重视产品品质，也更加注重性价比。

②"货"的数字化。新零售背景下，全社会零售业流通效率与企业运转效率将得到大幅提升。通过将数字化引入供应链场景中，零售业流通路径将更加简单，供应链前端服务更加柔性灵活。同时，数字化促使新零售行业实现智能化、数据化管理，为

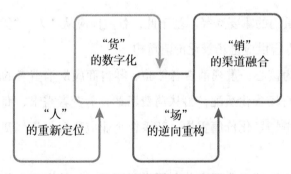

图 5-12　供应链场景化价值重构的特点

企业"零库存"提供精细决策支持。在供应链后端，新零售行业将形成快速、高效新仓配一体化模式。

③"场"的逆向重构。一方面，新零售时代下，供应链场景化逆向重构表现为实体门店互联网化，线上线下零售终端将实现有机结合；另一方面，基于技术与文化进步的新零售供应链场景将实现有效布局与转型升级。

④"销"的渠道融合。传统零售面临着渠道分散、客户体验不一、成本上升、利润空间压缩等多个困局。新零售则从单向销售转向双向互动，从线上或线下转向线上线下融合。

（二）供应链体系重构的方法

1. 供应链业务流程重构的方法

供应链业务流程重构的方法有系统化流程改造和全新流程设计两种。

（1）系统化流程改造。系统化流程改造是以供应链原流程为出发点，企业通过消除、简化、整合原有流程中的一些环节，加入新元素，如自动化设备等，设计出新的业务流程。企业采用这种方法需要一个较长的改造周期，另外这种方法的风险小，员工可以在改造的过程中逐渐适应。

（2）全新流程设计法。全新流程设计即企业推翻现有流程，通过对现有流程进行深度思考与研究之后，基于新开展的业务流转需要，从零开始设计产品和服务的业务流转流程。这种设计方法的缺点是有较高的运作风险，需要投入的人力、资金等成本过高，且失败率很高。

对于上述两种供应链业务流程重构的方法，企业可以根据自身的实际情况，综合考虑业务、绩效、供应商等多个环节后进行合理选择。

2. 供应链场景化价值重构的方法

重视消费者体验、合理开发与利用技术资源、强化供应链主体的协同性是新零售供应链场景化价值重构的重要途径。基于此，各主体应从"人""货""场""销"四个角度，全面推进新零售供应链场景化价值重构。

（1）以"人"为核心，重视消费者体验。零售商应从消费者的消费期望、消费场景等供应链环节进行场景化适配，再从消费场景、消费者需求、商品交换、消费者体验等方面推动供应链场景化价值重构。新零售企业应积极收集消费者信息，并合理有效利用。

①新零售各供应链端企业需充分利用互联网技术，整合历史数据信息，调整供应计划，将消费者需求落实于供应链场景构建的各个环节。

②新零售企业要按照消费者需要开设线下体验店，创建消费者可视化线下体验场景。例如，京东居家线下体验店，消费者可以在店内更直观地看到心仪产品的材质、颜色等，感受产品使用的便捷性、舒适度等。

（2）合理开发与利用技术资源，实现"货"线上线下交易的有机融合。新零售企业应充分运用现有网络技术与智能设备，从线上交互、场景效应与线下体验层面建立供应链场景价值。另外，新零售企业可以积极联合互联网公司，按照市场实际需要为消费者提供定制化、智能化货物流通服务，满足消费者个性化需要。新零售供应链主体之间应该打造行业供应链企业数据库，为企业提供网络供应链场景化服务，减少信息不对称，降低成本，强化合作。

（3）以多主体供应链场景为主导，推动新零售供应链协同发展。

①构建多主体联合的利益机制。新零售供应链各主体之间只有建立利益结合体，全面实现场景化价值重构，才能完善利益分割机制，从而组建相应的约束机制。

②构建多供应链主体之间的新零售供应链场景化沟通机制。新零售企业应建立行业信息交流平台，定期举行行业信息交流会，为各供应链主体交流提供场景化服务。从商业情境方面，零售商应联合商品、技术、终端、服务与移动领域的供应链主体，形成共同发展联盟，促使传统企业形成以价值主张、创造者与创造过程为一体的价值链。

（4）融合线上线下，实现全渠道营销。实现全渠道营销必须将数据打通。将实体门店、电商（自建官方商城或入驻平台）、社交媒体平台、CRM会员系统打通，通过融合线上线下，实现商品、会员、交易、营销等数据的共融互通，向消费者提供跨渠道、无缝化的购物体验。例如，华为的商品在其官网和直营店同步销售，线上线下同价。在华为的实体店内消费者可以试用每一款商品，同时有专业的销售顾问提供全面的咨询服务。当消费者在实体店对商品有充分了解之后既可以选择直接在实体店下单，也可以选择在华为的线上店铺下单。

※ 协作探究

探究背景

"新零售 + 物流"融合的重要性，通过每年各大电商平台大促活动中动辄数百亿元、数千亿元累计销售额可以看出，如果这些订单不能快速、及时、准确地送达消费者手中，将会对品牌形象造成严重损害。实现这一点，有赖于高效、精准的物流供应链交付体系的支持。下面以顺丰优选为例，分析其如何对供应链体系进行重构。

顺丰优选作为顺丰集团旗下的新零售业务，旨在通过整合顺丰集团在物流、科技等方面的优势资源，实现商品的全生命周期管理。顺丰优选与全球优质供应商建立合作关系，直接采购商品，降低中间环节成本；同时，其搭建的智能仓储系统，采用物联网、大数据等技术手段，实现货物的快速配送和库存管理。另外，顺丰优选充分利用自身物流资源，实现了跨境电商业务快速发展。在线上线下融合方面，顺丰优选通过全渠道销售模式，让消费者既可以在网上下单，也可以在线下实体店购买商品，实现线上线下的无缝衔接。总的来说，顺丰优选的这些举措，既提高了供应链效率，又为消费者提供了更加便捷、优质的消费体验。

探究内容

试分析顺丰优选解决了新零售物流的哪些问题。

探究结果

顺丰优选解决了新零售物流中的如下问题：

（1）将供应链、仓储、物流、销售等各个环节相互连接，实现了从供应商到消费者的全流程管控，从而解决了新零售物流中的仓储配送效率、商品快速配送、订单管理、退换货处理等关键问题。

（2）利用物联网、大数据等技术手段，实现货物的快速配送和库存管理，大大提高物流和供应链的效率，更好地满足消费者需求。

（3）与优质供货商合作，直接采购商品，建立智能仓储系统，有效把控商品的品质、周期、供货量等，实现精细化运营。

任务三　场景化新零售模式构建

一、场景化新零售模式的特征

（一）场景智能化

新零售模式的场景智能化是以数据为驱动，在购物场景中以大数据、云计算、物联网等新技术形态为依托，将消费者与商品转化为数据，通过多种方式和智能设备建立起有效连接，使消费者信息可以通过不同技术渠道转化为消费者标签和画像，使场景化新零售具有更强的指向性和针对性。例如，上海迪士尼乐园作为梦幻场景体验场所，利用其物联网门票和智能手环采集到的数据向游客提供个性化服务。迪士尼分析收集

（拓展视频 5-2：场景化新零售电商模式构建）

的园区数据可以确定游客的活动路线及游客与园区内设备的互动情况，同时通过获得游客个人数据，如喜欢的旅游景点、商店、购物、餐饮等，指导迪士尼改善游客预约、个性化推荐、路线选择及游乐园导航等服务。

（二）场景人性化

新零售模式的场景人性化是在场景中注重情景式商品展示和服务，以充分融入消费者情绪，让互动更具温度。在新零售场景下，场景人性化正是通过娱乐、艺术、人文等主题元素来实现消费者以"娱乐、互动、体验"为主的精神需求，给予消费者人性化的关怀。例如，北京朝阳大悦城以匠心慢食为主题打造了文化主题街区"拾间"，该主题街区集合了多家以技法、食材为卖点的匠心餐厅。在多数餐厅还在追求翻台率的当下，它明确地打出标语："放慢一顿饭的时间"，为那些在"快生活"里忙碌的人们开辟一方"慢时间"饮食天地，让消费者在这里就餐时能感受到片刻的放松。

（三）场景无界化

新零售模式的场景无界化是依托新零售的全渠道零售体系，整合各类可触达的消费者渠道资源，建立全链路、高效、可衡量的跨屏渠道营销新方式。例如，阿里巴巴数据库中包含了大量丰富的消费行为和消费者信息，凭借线上数据能够帮助品牌的线下商家掌握消费者动向，再通过线下门店互动数据进一步完善消费者画像。具体的实现情形为，当消费者进入线下门店场景，门店销售员可在与消费者的互动中询问并获取消费者的线上 ID，从而了解消费者的消费习惯、兴趣喜好、身份标签等，以此帮助门店向消费者提供针对性服务，或直接在消费者离店后通过线上信息等形式推送消费

者感兴趣的商品内容。

场景无界化还体现在线上与线下门店"同价、同款、同服务"，实现不同渠道的商品价格、服务保持一致。消费者可以实现在任意时间、地点以任意可能的方式（如实体店铺、网上商城、自媒体平台等一系列丰富多样的渠道）与其他消费者共同交流讨论，进行商品体验，或者直接与企业进行全面的咨询互动并完成商品与服务的购买。

二、场景化新零售模式下的消费者分析

部分企业在打造场景化新零售模式时不够了解自己的消费者群体，不知道他们喜欢什么样的风格、消费的习惯是什么、大部分消费者是通过哪个渠道获取商品信息的，这种不了解会导致之后的场景营销没有针对性，进而使营销效果"打折"。所以，在打造场景化新零售模式之前，企业一定要先对消费者进行彻底的了解，即需要做好场景化新零售模式下的消费者分析。消费者分析的核心内容是给消费者贴标签和将标签应用于场景。

（一）给消费者贴标签

消费者的行为是复杂的，每个消费者都是不同的个体。因此，他们对于商品的感觉、对于场景的触动点都是不一样的。有些企业做的场景化新零售之所以能大获成功，一个很重要的原因就是其能精准定位某一类消费者，充分满足这类消费者的需求。要做到这一点，其实很简单，就是对消费者进行分类、贴标签。标签贴得越准确，场景的定位也就越准确，企业也就知道如何设计场景才更有效。

在给消费者贴标签的具体实施过程中可以采用分类的方法，即企业先设定类别，例如，将消费者分为高价值消费者、中价值消费者、低价值消费者、无价值消费者，长期固定消费者和短期偶然消费者，以及各个年龄阶段的消费者等，然后确定影响分类标准的因素，将拥有相关属性的消费者提取出来，最后根据设定好的类别对应放置。

例如，淘宝采取分类方法对消费者进行属性区分，设定好年龄标签、地域标签、购买能力标签，通过分析把消费者放置到相应标签中，再根据这些标签做场景营销。如对有"20~30岁年龄段的女性"标签的消费者做场景营销时，会设置一些潮流服饰、时尚饰品等。总之，就是根据不同的消费者标签，打造不同的场景化新零售模式。

（二）将标签应用于场景

给消费者贴标签的目的是把这些标签应用到场景中，让企业在打造场景化新零售模式时，围绕标签来做。很多企业给消费者贴完标签之后，会根据消费者的标签打造一个新的功能场景或营销场景。

例如，为了打破传统快消品的沉闷使用场景，可口可乐为自己的消费者贴上了标

签，并且根据标签特点打造了一系列的个性定制场景体验。可口可乐的消费者标签是年轻、时尚、激情、潮流，为了符合这些标签特点，可口可乐推出了昵称瓶、歌词瓶、台词瓶来吸引消费者关注，让消费者可以被昵称、歌词、台词中所蕴含的场景触动。可口可乐对歌词瓶场景的打造是针对一些喜爱流行歌曲的消费者，打造一些热歌歌词的定制瓶场景，这些歌词大多来自一些比较受欢迎的歌曲，每一首歌都代表了一种情感，每一句歌词都代表了一种场景。此外，可口可乐还根据年龄标签打造了不同的歌词瓶，因为每个年龄段的人对每首歌曲的熟知度都不同，所以可口可乐收录了不同年龄段的人熟悉的歌曲，如图 5-13 所示。

图 5-13　可口可乐歌词瓶示例

在移动互联网高速发展的今天，各类产品层出不穷，各种场景营销活动也争相出现，市场竞争越来越激烈。要想让自己的打造场景获得消费者认可，就必须能打动消费者，而打动消费者的前提就是充分了解消费者、分析消费者，并不断地做出调整。消费者分析是企业打造场景化新零售模式时至关重要的一个方面，因为这关系到产品的未来场景设定，关系到场景的效果。只有做好了消费者分析，才能明白消费者痛点，才能知道如何设定场景、吸引消费者。

三、企业场景化新零售模式打造

企业打造场景化新零售模式的主要方法，包括转变经营理念、优化消费者体验、完善物流服务、构建线上线下价格体系、重构新零售技术体系和整合全渠道供应链这几个方面。

（一）转变经营理念

场景化新零售模式的打造，需要零售商由多年的以商品为中心的经营理念转变为以消费者为中心、以消费者的生活场景为中心，且站在目标消费者的角度对目标消费者的生活方式进行准确洞察和深度研究。

（二）优化消费者体验

场景化新零售模式下消费者的购物体验可以通过服务场景的直觉性创新、显性服务的知觉性创新以及隐性服务的移情性创新来优化。

服务场景的直觉性创新包括地理位置、外部相关设施、内部装修与布局等；显性服务的知觉性创新包括专业化、差异化的服务设计；隐性服务的移情性创新包括服务文化、品牌理念以及员工的情绪管理。

例如，库迪咖啡以及服装品牌 UR 的案例可以很好地体现场景化新零售模式在重构消费者体验方面的应用。库迪咖啡通过场景化新零售模式，将线上点单、支付与线下自提、配送完美结合，打造无缝消费体验。其"无限场景"的品牌战略布局，不仅满足了消费者在不同场景下的咖啡需求，更通过高品质咖啡产品、个性化服务以及智能化的门店运营，极大地提升了消费者的满意度和忠诚度，从而成功地重构了消费者体验。服装品牌 UR 通过使用场景化新零售模式，将实体门店与线上平台紧密结合，通过精准把握消费者的购物场景和需求，提供个性化的商品推荐和购物体验。无论是线上浏览还是线下试穿，UR 都能为消费者创造便捷、高效的购物环境，让每一次购物都成为一次愉悦的体验，从而成功重构了消费者的购物体验。

（三）完善物流服务

我国专业的第三方物流配送占整体物流配送的比例较低，现阶段新零售商业模式中的物流服务更多注重简单的物流配送，无法满足消费者对时效性、安全性、便利性以及智能性的多方面要求。场景化新零售模式在重构物流服务方面可以借鉴小米之家的真实案例，小米之家通过线上平台（如小米官网、小米商城 App 等）和线下门店的深度融合，实现了线上线下无缝衔接。消费者可以在线上下单并选择线下门店取货，或者在线下门店体验后直接购买并享受快速的配送服务。小米之家通过优化供应链管理，实现了库存的精准控制和快速周转。利用大数据分析和人工智能技术实时监测销售数据、库存情况和消费者需求，从而做出快速响应和调整。另外，小米之家提供快速配送服务，确保消费者在购买后能够迅速收到商品。通过与第三方物流公司的紧密合作，小米之家实现了全国范围内的快速配送和覆盖。

（四）构建线上线下价格体系

零售商在构建线上线下价格体系时应以消费者的意愿支付价格作为依据来逆向定价。线下门店的客户体验以及线上网店的时效性及便利性会给消费者带来不同的购物体验，消费者依据其购物过程中获得、体验、感知到的价值支付不同的意愿价格，零售商则依据此意愿价格加上其资金投入的目标利润率来逆向定价。

（五）重构新零售技术体系

场景化新零售模式打破了传统的品类分区、品类管理模式。因此需要重构新零售技术体系，包括店铺规划技术、店面运营技术、商品陈列技术等。同时，企业的信息技术体系，要能够支持企业场景化的变革需求，结合互联网环境与当前的变革需求，开发出更多智能化、精准推送、价值分析的功能。

（六）整合全渠道供应链

现阶段新零售模式中供应链环节的渠道冲突，包含传统渠道、互联网渠道、移动端渠道以及直销渠道形成的单一渠道与多渠道的横向逆向冲突。整合新零售背景下全渠道供应链需要立足于线上线下渠道与各个供应链主体之间的"场""货""人"三个维度，协调供应商、制造商、分销商以及零售商四个层面。例如，伊芙丽与蒙牛均在场景化新零售模式整合全渠道供应链方面做得比较成功。伊芙丽依据智能门店中的摄像头以及货品的物联网传感器采集消费者对服装款式的反应数据，依据大数据技术预测消费者需求及其变化并反馈给生产企业，生产企业依据消费者需求调整其产品结构；蒙牛借助菜鸟网络开设的前置仓以及大数据定位对线上产品进行智能分仓，从而减少了两道经销商环节，大幅提升物流的时效性以及经济性。

※ 概念解读

前置仓是生鲜电商平台的运营模式之一，区别于传统仓库远离最终消费人群的模式，前置仓是在社区附近建立仓库。前置仓之所以受到生鲜电商追捧，是因为离消费者的距离多在3千米以内，因此在配送环节能够在保证生鲜产品新鲜度的情况下极大地提升时效性，同时相比线下门店可以节省运营成本。

※ 协作探究

探究背景

智己汽车是一家中国高端智能电动汽车品牌，成立于2020年12月，由上汽集团、阿里巴巴集团以及张江高科共同打造。智己汽车致力于研发和生产具有高度智能化、高品质的电动乘用车，其产品融合了先进的自动驾驶技术、智能网联技术和电动化技术，旨在为用户提供安全、舒适、便捷的出行体验。品牌名"智己"寓意智慧、自我驱动，体现了其在智能汽车领域的追求和定位。智己汽车首款车型 LS7 已于 2021 年正式发布，标志着品牌正式进入市场，展现其在智能电动汽车领域的实力和雄心。

探究内容

智己汽车在新零售电商场景的打造上有哪些创新策略？

探究结果

智己汽车在新零售电商场景的打造上，展现了一系列创新举措，这些举措旨在提升品牌知名度、增强客户体验以及加速市场布局。

1. 渠道布局与扩展

智己汽车通过新零售模式加速市场布局，在渠道布局策略上，针对一、二线城市，采用"零售商业业态＋汽车商圈"相互结合的策略；而在三线及以下城市，重点发展汽车商圈业态。

2. 新零售模式创新

打造"授权经营共赢＋线上与线下触点直连用户＋百万流量赋能合作伙伴"的新零售模式，该模式结合授权和直营的优势，为品牌打开知名度并巧妙利用优势资源提供了最优选择。

智己汽车通过线上平台与线下门店的紧密结合，为客户提供沉浸式体验，使客户在购车、试驾、维修等各个环节都能感受到品牌的关怀。

3. 用户体验打造

智己汽车通过全球首家体验中心 IM IN，为客户提供沉浸式体验，包括艺术画廊区、五感体验区等，使客户能够更直观地感受产品的魅力和品牌的文化。智己汽车还通过"原石谷"用户数据权益计划，与用户共同创造、见证、享受时代的红利，增强用户与品牌的联系和忠诚度。

4. 产品创新与智能化

智己汽车在产品创新上，聚焦智能化、电动化和消费审美升级三大趋势，打造最像人的智能驾驶，为用户创造全新的智能化场景体验。智己汽车的智能驾驶系统实现了多种复杂路况场景的应对，如"拥堵道路车辆加塞""大车异型车闪躲"等，展现了其智能化优势。

智己汽车在新零售电商场景的打造上，通过创新的渠道布局、新零售模式、用户体验打造、产品创新和市场策略，实现了品牌的快速发展和销量的持续增长。这些举措不仅提升了智己汽车的品牌知名度和美誉度，也为新能源汽车市场带来了新的活力和机遇。

※ 政策导引

商务部拟在全国范围开展便利店品牌化连锁化三年行动

2019 年，为全面贯彻落实商务部等 13 部门印发的《关于推动品牌连锁便利店加快发展的指导意见》（以下简称《指导意见》），进一步提升便利店品牌化连锁化水平，织密便利店网络，提高便民服务质量，激发消费潜力，商务部拟在全国范围开展便利店品牌化连锁化三年行动。

行动的重点工作如下（部分）：

（1）推动数字化改造。鼓励便利店应用物联网、大数据、云计算等现代信息技术，推广移动支付、可视化技术，提升门店智能化管理水平。鼓励便利店建立智慧供应链，以大数据驱动商品采购、库存管理、销售预测，对断货、过期商品等异常情况提前预警，推动全链高效协同，提高运营效率。

（2）打造自有品牌。支持便利店研发个性化的自主品牌商品，设置特色的标识牌匾等，提升品牌认知度。加强与知名文娱品牌合作，打造联名产品，提升品牌价值和影响力。建设主题便利店，在设计、装修、文化等方面体现特色，提高品牌消费的人性化和舒适度。

（3）创新经营模式。鼓励便利店与线上平台开展合作，积极推进便利店 O2O 模式、供应链模式，发展网络营销、社区团购、店仓一体、网订店取、即时配送等新兴消费模式，鼓励通过自动售货柜、无人零售店等方式，延展便利店服务半径，扩大销售渠道，服务周边社区。

※ 企业创新

大疆在新零售电商场景打造中的创新举措

大疆在新零售电商领域创新凸显，通过线下体验店的升级与转型、线上平台的构建与优化等多元措施，重塑购物场景，实现商品三维互动展示，引领线上消费新潮流。大疆在新零售电商场景打造中的创新举措主要体现在以下几个方面：

线下体验店的升级与转型

大疆在零售体验店的打造上进行了全面升级，从空间布局到展品陈列，都旨在拉近品牌与客户的距离，展现品牌温度。例如，在 IFC 南京国金中心开设的大疆融合店，采用了无主灯和软膜天花布局，让 LED 光源"隐藏"起来，却又能让客户享受无处不在的细腻光线。这种设计不仅增强了产品的体验，还提升了品牌的高端感。此外，店内还通过点亮品牌 Logo、细分用光原则等方式，强化区域场景，让客户在舒适的光环境中完全沉浸于科技美学之中。

线上平台的构建与优化

在互联网时代，大疆积极构建线上渠道，通过官方购物网站、天猫旗舰店、京东旗舰店等平台，实现全球范围内的销售。这些线上平台不仅缩减了销售成本，也降低了消费者的购买成本。同时，大疆还通过优化电商平台的功能和体验，提高客户满意度和忠诚度。例如，大疆在电商平台上提供了丰富的产品信息和用户评价，方便客户了解产品性能和进行反馈；同时，大疆还提供了便捷的支付方式和快速的物流配送服务，确保客户能够获得愉快的购物体验。

数字化营销与客户关系管理

大疆通过整合创新全产业链和数字化力量，优化用户体验和客户关系管理。例如，大疆与 Emarsys 合作，通过提供商业智能洞察和个性化互动服务，助力企业提升用户忠诚度并持续实现营收增长。通过 Emarsys，大疆能够实现更精准的营销策略制定和更高效的邮件营销执行，提高邮件送达率和点击率；同时，大疆还能通过数据分析和用户行为跟踪，了解客户需求和偏好，提供个性化的产品推荐和服务。此外，大疆还利用社交媒体和短视频平台等新媒体渠道，加强与客户的互动和沟通，提高品牌知名度和美誉度。

综上所述，大疆在新零售电商场景打造中的创新举措主要体现在线下体验店的升级与转型、线上平台的构建与优化、数字化营销与客户关系管理以及线上线下融合的新零售模式等方面。这些创新举措不仅提高了客户满意度和忠诚度，也推动了企业的持续发展和增长。

（资料来源：网络公开资料整理）

※　思政园地

伊利坚守以消费者为中心的市场营销核心价值观

在新零售商业模式重构过程中，运营人员要坚守以消费者为中心的市场营销核心价值观，在多维度满足消费者需要的同时，实现企业新零售可持续发展。伊利集团适应时代发展，在新零售商业模式场景化适配上持续探索，网络直播带货成为伊利集团新零售商业模式适配性重构的又一进展，"人"成为流量入口，"货"为伊利乳业的细分产品，"场"实现了实时、体验、互动。比如，伊利苏州乳业有限责任公司走进"姑苏网直播间"，近距离分享乳品制作过程和健康常识等，借助现在流行的直播带货方式，成功地帮助伊利工厂联合经销商打造了线上直播营销渠道，获得了良好的品牌效应和消费者口碑，实现了场景对新零售商业模式新的适配性重构。

伊利的新零售商业模式重构，提醒运营人员应围绕消费者在特定"场"的消费期望为消费者搭建特定的"景"，使消费者"触景生情"，为消费者的异质性需求提供个性化的解决方案，注重与消费者建立基于品牌质量、情感认同等方面更深层次的连接，其价值创造理念由企业的"独善其身"转变为与消费者进行价值的"共创共享"，通过构建协同互动的商业生态系统，驱动企业新零售实现可持续发展。

思考：在新零售商业模式重构过程中，坚守以消费者为中心的市场营销核心价值观有什么意义？

※ 思考与练习

请扫描右侧二维码获取资源，完成相关练习。

（项目五 习题）

项目六　新零售场景电商行业应用

🌀 学习目标

知识目标

1. 了解医疗服务行业的概念和发展现状；

2. 熟悉医疗服务行业新零售发展趋势；

3. 了解商超百货行业的概念和发展现状；

4. 熟悉商超百货行业新零售发展趋势；

5. 了解餐饮门店行业的概念和发展现状；

6. 熟悉餐饮门店行业新零售发展趋势；

7. 了解终端零售行业的概念和发展现状；

8. 熟悉终端零售行业新零售发展趋势。

能力目标

1. 能够结合医疗服务行业新零售的发展趋势，概括分析医疗新零售的特点；

2. 能够结合餐饮门店行业新零售的应用现状和发展趋势，概括分析新零售为消费者就餐所带来的便利；

3. 能够结合所学知识，并通过自主搜集资料，了解、分析无人零售终端的应用场景及优势。

素养目标

1. 具备创新意识和严谨求实的科学态度，有探索新技术、新模式、新概念的意识；

2. 具备宏观辨识与微观探析的意识，树立辩证的利弊观，能够全方位理解新零售场景电商给医疗、商超、餐饮门店、终端零售行业带来的变化。

🌐 学习导图

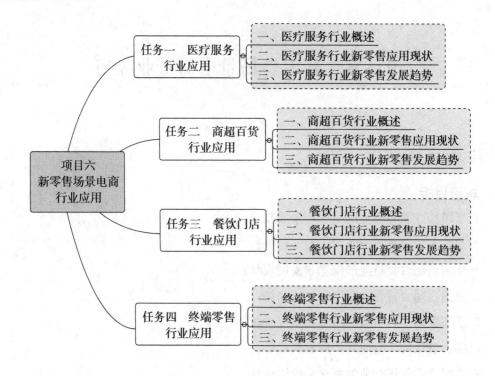

项目六 新零售场景电商行业应用	任务一　医疗服务行业应用	一、医疗服务行业概述
		二、医疗服务行业新零售应用现状
		三、医疗服务行业新零售发展趋势
	任务二　商超百货行业应用	一、商超百货行业概述
		二、商超百货行业新零售应用现状
		三、商超百货行业新零售发展趋势
	任务三　餐饮门店行业应用	一、餐饮门店行业概述
		二、餐饮门店行业新零售应用现状
		三、餐饮门店行业新零售发展趋势
	任务四　终端零售行业应用	一、终端零售行业概述
		二、终端零售行业新零售应用现状
		三、终端零售行业新零售发展趋势

任务一　医疗服务行业应用

一、医疗服务行业概述

（一）医疗服务行业的概念

要了解医疗服务行业，首先要明确什么是医疗服务。根据《财政部、国家税务总局关于医疗卫生机构有关税收政策的通知》："医疗服务是指医疗服务机构对患者进行检查、诊断、治疗、康复和提供预防保健接生、计划生育方面的服务，以及与这些服务有关的提供药品、医用材料器具、救护车、病房住宿和伙食的业务。"

医疗服务行业是医疗健康产业的重要分支，该行业既是一种改善生活品质的消费型产业，更是一种保护和提高人力资源的生产型产业，对社会经济发展具有重要的战略意义。

（二）医疗服务行业发展现状

随着医疗消费新需求、医疗新技术、医疗新政策的不断更新发展，医疗服务行业正在快速发展。

首先，在医疗消费需求方面，由于我国的人均可支配收入及健康观念不断提升，医疗卫生消费即将迎来长期稳步发展；此外，我国慢性病患病率不断攀升和人口老龄化持续深化，都使医疗消费需求不断提升，医疗服务行业未来的发展空间较大。其次，在政策方面，一直以来，国家大力支持我国医疗服务行业的健康发展，尤其是《国家卫生计生委关于推进医疗机构远程医疗服务的意见》以及2019年修订的《中华人民共和国药品管理法》等政策的推出，国家允许并鼓励医疗机构运用信息化技术向医疗机构外的患者提供诊疗服务，同时，线上非医院端也可提供处方药。最后，在新技术方面，随着大数据、人工智能、云计算等技术快速发展，并逐步应用到医疗行业的多种场景，在国家、医院、第三方机构等多方的共同努力下，目前医疗行业已基本步入信息化，并且积累了大量与医疗健康相关的基础数据，将这些数据进行整合利用、推动医疗服务创新成为可能。

二、医疗服务行业新零售应用现状

新零售背景下，医疗服务行业新零售应用现状主要表现在以下几个方面：

（一）医药 + 新零售

由于经济的发展和生活水平的提升，人们越来越关注健康问题，并追求更高水平的医疗健康消费，渴望更安全、更便捷地进行药品购买。在大数据、云计算、人工智能等新技术的助推下，医药行业不断探索医药零售新模式，医药 + 新零售业态迎来蓬勃发展。比如，通过与健康科技、物联网技术、互联网模式相结合，借助各类 App、小程序等为消费者提供送药上门服务，突破了地理空间的限制，在全新的零售市场环境中发现了转型之路，实现与健康科技共享，与大数据共享。医药新零售已逐步渗透人们的日常生活，随时随地为消费者提供更加便利的医疗服务体验。

在现阶段，无论是传统医药企业，如同仁堂、益丰大药房、老百姓大药房等，还是跨界医药行业的互联网企业，如阿里、美团、京东等，或是新的医药新零售平台，如叮当快药、好药师等，都在进行医药新零售探索。以益丰大药房为例，益丰大药房在经营线下门店的同时，推出线上购药平台，消费者可通过"益丰大药房"或"益丰智慧大药房"小程序选择所需的各类药品，益丰线上平台根据线上平台的消费者的收货地址及订单信息提供最快1小时的送药上门服务。

美团、饿了么等互联网平台联合线下的传统连锁药店，开通了医药新零售服务，利用平台自身的优势，通过整合物流配送服务，推出了全天24小时以及最快30分钟送达的送药上门服务。这种互联网企业与药店合作的模式为消费者带来更安全便捷的医药消费体验，并已覆盖了全国各大城市，持续创新深入医疗服务行业，大胆探索医药新零售的发展路径。例如，消费者可通过阿里健康互联网医院获得慢病综合医疗服务，同时，该平台还可提供线上快速问医、专家咨询、开药门诊等服务。

未来，随着互联网医疗规范的逐步完善以及医药新零售模式的逐步发展和深入探索，为了给消费者提供更加真切和贴心的医药服务体验，医药零售行业将从粗放式经营向精细化经营转型，医疗零售企业也将在国家政策的推动下保持健康发展，"大跨步"实现医药新零售时代的转型升级。

（二）互联网医疗

线上平台直接预约挂号，智慧药房及时将药品配送到家，慢性病患者可以随时在线问诊，线上平台直接操作不用排队缴费，这些都是互联网医疗的应用落地可以真实看到的医疗服务场景。近年来，线下诊疗渠道受阻、医疗资源紧张、就诊困难等问题不断推动医疗消费新需求的升级，许多医疗服务机构纷纷推出互联网医疗服务。

互联网医疗是新零售背景下医疗服务的新型服务模式，以互联网为载体，以技术手段作为支撑，包括健康教育、医疗信息查询、电子健康档案、疾病风险评估、在线疾病咨询、电子处方、远程会诊、远程治疗和康复等多种形式的健康医疗服务，能够随时随地满足患者的医疗需求，成为医疗服务的新模式。互联网医疗不同于一般的网上问诊，线上诊疗服务覆盖患者就诊流程的各个环节，支持在线问诊、病历调阅、开具处方、电子病历书写等多项功能，与此同时，互联网医疗平台还有临床药师实时在线审方，医保患者可在线支付各项费用。

随着人们健康意识的不断提升，医疗消费需求不断升级，互联网医疗的新型消费模式快速发展，以互联网医院、远程医疗、医联体、互联网慢病管理、家庭医生等为主的互联网医疗模式正在逐渐重塑医疗服务诊疗流程。以"微医控股（以下简称微医）"为例，在创新技术和服务模式的双重驱动下，微医实现了线上线下医疗资源的深度融合，并通过与公共医疗保险系统的无缝衔接，建立起多种独特的服务交付渠道，在满足用户多样化医疗健康需求的同时，积极推动中国数字健康行业的发展。2015年，微医创建了中国首家互联网医院——乌镇互联网医院，开创了在线诊疗、电子病历共享、电子处方等改革举措的先河。微医专注于以先进的数字及创新技术赋能行业，在中国构建的新型医联体模式开启了行业的新时代：2019年，在山东泰安推出中国首个可由医保直接结算的市级数字慢病管理服务模式；2020年，在天津推出中国首家以数字医院牵头的紧密型数字医联体；2021年，率先基于AI能力升级"智能医院"，推动数字健共体模式在全国范围内逐城市落地。目前，平台已链接了全国 8000 多家医院、30 多万名医生，累计服务 3 亿多实名注册用户。

如今，基于多年积累的数字医疗资源和服务能力，微医主要向各类用户提供数字医疗服务和以数字慢病管理服务与健康管理服务为代表的健康维护服务。与传统医疗服务相比，凭借行业领先的数字技术能力和对会员医疗健康需求的深入了解，微医以价值为核心的数字医疗服务及健康维护服务更可及、更有效、更实惠。

微医以互联网医院为支点，逐区域整合各级医院、基层医疗机构、医生、医保支付等医疗供应及服务能力，为用户提供线上线下一体化的医疗和健康维护服务，有效实现了医疗价值链各参与方的联合与共赢，推动了当地医疗服务体系的数字化升级。

作为眼科连锁医疗的领跑者，爱尔眼科积极拓展互联网医疗服务，在线下医疗紧张时，开设夜间视光门诊、专家在线问诊、电话专线问诊等特色服务，同时把握患者医疗服务新需求，建设并推进互联网医院全面赋能医院发展，极大提升了医院的诊疗效率。

未来，随着新零售场景电商的不断深入和发展，互联网医疗将推动医疗服务产业高效发展，有效地缓解了医院接诊压力，也为患者带来更优质贴切的服务体验，从而提升医疗服务产业整体的效率。

（三）无人售药机

随着移动支付方式的普及，无人自助零售迎来爆发式增长，而无人自助售药机也正在潜移默化地走入消费者的医疗服务中。相比于白天的购药，夜间购药是一项低频却又刚性的需求，实体药店由于人力、管理等原因，使夜间营业的成本与夜间售药利润不匹配，24 小时药房的模式始终未能发展起来，并且市场上 24 小时药房的数量越来越少，这也为无人售药机迎来发展契机。目前，医疗服务行业中的无人售药机能有效降低运营成本，通过线上平台链接，无人售药机还能拓展服务场景，从而增加医药收益。

无人售药机不仅可以提供全天 24 小时服务，延长营业时间，还能扩展到机场、公交车站、火车站等公共场所，延伸医药服务场景，满足消费者随时随地的用药需求，实现药品销售无人值守，开创药品零售新模式。以寻医问药（广州）医药有限公司为例，其与广州日报合作运营报刊亭售药机，如图 6-1 所示，在公交车站、小区、院校、工业区等场景布局上百台无人售药机，销售乙类非处方药。

图 6-1　报刊亭售药机示例

修正药业、太极集团等医药企业也都发布了无人售药机。修正药业依托互联网、大数据、人工智能等先进技术手段，解决消费者在地铁站、机场、公园等不同的场景下的应急医疗需求以及隐性的购药刚需，同时有效补充传统药店无法 24 小时营业的缺点，为消费者提供便捷、安全、智能的医药消费服务，将服务范围拓展到生活中的各个场景。

为了进一步延伸无人售药机的服务触角，太极无人售药机与美团、顺丰等企业达成合作，将线上线下模式相结合，消费者可在任意时间内通过 App 端下单，骑手 30 分钟内送药上门，无人售药机可以为消费者提供更好的全时段送药服务。医药企业还通过与互联网医院的合作，拓展无人售药机的服务功能，设置 24 小时问诊室，为消费者提供远程问诊服务，实现问诊、开方、取药一体化的功能，满足不同类型消费群体的各种有针对性的服务需求。

三、医疗服务行业新零售发展趋势

未来医疗服务行业的新零售发展趋势，将集中在以下三个方面。

（一）以健康服务为主

随着人们生活水平的日渐提高和消费观念的提升，过去以治疗服务为主的医疗服务，将向着以预防服务为主的方向转变，更优质的医疗服务和更高质量的健康产品将成为更多消费者的需求。而这，也将带动健康管理、健康调理、健康咨询、美容护理等预防或保健健康服务行业的快速成长，推动医疗服务行业的新零售转型升级。

（二）新技术推动医疗行业变革

未来，随着医疗机器人、早筛技术、3D 打印等技术在医疗领域的不断发展，将为医疗服务产业带来颠覆性革命，为医疗服务产业带来更多可能性。例如在疫情期间，东南大学附属中大医院的达芬奇手术机器人实现了为隔离在家的患者进行手术，解决了手术的场景限制问题。新技术的出现将大大拓宽医疗服务的场景，也会在时间和效率上带来质的提升。

※　概念解读

达芬奇手术机器人是高级腹腔镜系统，其设计理念是通过使用微创的方法，实施复杂的外科手术，作为当今顶尖的微创外科治疗平台，由外科医生控制台、床旁机械臂系统和成像系统三个部分组成。它的 3D 内镜监视系统能将手术视野放大 10 倍以上，把患者体腔三维立体高清影像传送给控制台上的主刀医生，主刀医生通过操控机器人的 4 根机械臂，既可灵活操作，又能滤除手部颤动，即便在狭小空间也能精准操作，突破了人手的局限性，大大增加了手术的精确度和安全性，有助于缩短手术时间，减小手术创口，减少损伤出血，有利于患者术后康复，大大改善患者手术治疗体验。

（三）行业生态丰富

随着新零售的不断发展和完善，医疗服务产业链将不断重组与融合，产业生态将更加丰富。目前医疗服务企业发展形态较为独立、单一，随着医疗服务机构在组织管理、信息化等方面的深入推进，具有更高管理效率、信息化程度更好的、多元化的医疗服务主体将蓬勃发展，行业整体效率不断提升，竞争也更加激烈，也会使各个医疗服务企业寻找更加细分的市场，使医疗服务产业生态更加丰富。

（案例 6-1：同仁堂探索医疗服务行业新零售应用）

※　协作探究

探究背景

老百姓大药房新零售业务建立了"O2O+B2C+ 私域"的全域营销网络，并且保持高速增长。据老百姓大药房相关负责人介绍，2021 年，公司线上渠道实现销售额近 7

亿元，同比增长 170%。截至 2021 年年末，公司 O2O 外卖服务门店达到 6581 家，24 小时门店增至 448 家。2022 年第一季度，公司线上渠道实现销售额 2.7 亿元，同比增长 123%，新增会员 168 万人，活跃会员为 954 万人。

谈及连锁药店开展新零售业务的关键核心，老百姓大药房工作人员认为其主要表现在以下方面：第一，广泛而合理的门店布局，满足线上用户半小时内用药需求；第二，强大的数字化运营体系，将 SKU 选取优化、门店药品充足率、客户用药习惯等关键数据的处理能力作为业务支撑；第三，成熟的低成本运营模式与连锁模式，使其在采购、运营、管理等方面积累了竞争优势，有利于开展新零售业务。

探究内容

结合探究背景，并收集资料，分析老百姓大药房如何进行医药新零售探索。

探究结果

老百姓大药房通过与健康科技、物联网技术、互联网模式相结合，借助"O2O+B2C+ 私域"开展全域营销，满足消费者半小时内用药需求，突破了地理、空间的限制，运用强大的数字化运营体系为业务进行支撑。具体表现如下：

（1）通过在门店出入口安装摄像机，依托开域的客流分析算法，准确统计门店的客流量，并生成日报、周报、月报、年报等。分析不同时间、时段、不同活动到店的客流量及顾客结构，规划更有针对性的活动内容和形式。

（2）分析顾客年龄段，结合业务，划分门店店型及消费群体标签，规划店与店之间商品的差异，对陈列及布局做相应调整，从而吸引和服务客户。

（3）凭借大数据分析实现门店布局的广泛、科学、合理，同时强大的门店数字化运营能力，使 SKU 选取、门店药品充足率、客户用药需求等得以更好地实现。

（4）通过数字化改造，门店的货架陈列更加科学，吸引更多的消费者购买，带来更高的销售转化。

（5）布局线上渠道，通过微信小程序、公众号等进行线上会员管理、营销，同时上线淘宝、支付宝等平台，实现多渠道、多路径的客户触达，为消费者提供更优质、便捷的服务。

任务二　商超百货行业应用

一、商超百货行业概述

（一）商超百货行业的概念

商超百货行业是由购物中心、百货商场、超市以及近几年兴起的线上超市等多种业态组成的行业。按照人们日常的消费需求，可将商超百货行业的经营主体大致分为百货商场和商超。

大型购物中心、百货商场的单店面积大，一般在 5000 平方米以上，经营范围相对较广，包括服装、首饰、家电、化妆品、装饰品等较多品类。根据商品品类的不同通常可划分不同的销售区，同时会设置专业的导购人员提供销售服务，满足消费者多样化消费需求，常见的如奥特莱斯、王府井百货、银泰百货等。

超市主要以区域超市为主，所经营商品主要以生鲜、熟食、日用品、3C 数码产品等日常生活必需品为主，商品会标明价格、规格等详细信息，消费者主要通过自主选购并在出门时统一结算，如永辉超市、大润发等。

（二）商超百货行业发展现状

近些年，随着技术发展和消费升级，互联网技术、移动终端、快递业务等相关配套服务的快速发展，线上消费的普及和升级，对线下市场的冲击越来越明显，商超百货行业市场份额被线上销售抢占的比例逐年提升，商超百货行业面临运营成本高、流量增长乏力、商品毛利率低、传统经营思维固化、经营空间有限等困境，转型升级成为必然趋势。

新零售的出现，为互联网企业带来新的增长机会，也为传统商超百货行业的转型指明方向。机遇与挑战并存，面对困境，传统商超百货企业纷纷革新发展理念，积极转变经营方式，通过升级改造运营端、供应端、消费端，对上下游的资源进行整合，探索新零售转型发展之路。

二、商超百货行业新零售应用现状

（一）传统商超转型升级

遭遇互联网浪潮的冲击，阿里巴巴、美团、京东等互联网企业相继投身新零售商超领域，阿里巴巴盒马鲜生、美团小象超市、京东七鲜（7FRESH）等新零售商超门店快速扩张。与

（案例 6-2：华润万家的新零售发展探索）

此同时，由于线下流量的局限，传统商超纷纷借由线上线下融合发展，探索新零售转型之路。以永辉、大润发等为代表的传统商超企业，纷纷借助互联网的外力驱动，对传统门店进行供应链升级、数据系统打通等更具深度的改造，加快新零售转型升级的步伐。

以大润发为例，大润发通过调整供应链和商品结构、改变商品陈列方式、搭建新零售场景、联合经营等方式，实现对传统大卖场的改造升级，通过自主研发"大润发优鲜"App、链接手机淘宝"淘鲜达"板块等措施打通线上平台，完成线上服务、线下体验的新零售模式转型升级。

新零售的出现和发展大幅提高了商超的线上线下融合程度，阿里巴巴、京东等互联网企业进入生鲜超市行业，加快了商超零售行业线上线下一体化发展。阿里巴巴推出新零售新物种盒马鲜生，并通过数字化升级，改造商品生产、流通与销售过程，打通了淘宝、天猫等线上平台，满足消费者不断升级的消费需求。京东通过布局"无界零售"，依托集团资源优势，整合营销、供应链、物流等多方面数据，赋能永辉超市等传统商超企业，助力传统商超转型升级，为消费者提供精准的商品推荐和供应。

互联网等技术的快速发展影响着传统商超行业，电商种类不断扩展，线上促销策略更是吸引了众多消费者，对传统商超行业造成了严重冲击。新零售模式充分发挥了线上、线下相结合的优势，又能通过高效的供应链能力、集成能力和服务能力，全面满足消费者日益增长的购物需求。面对新环境，传统商超纷纷探索转型之路，尤其是线上渠道，在寻求与成熟电商合作的同时，建立高效的供应链体系和物流保障体系，同时强化科技创新、模式创新、智慧化管理等措施，以便获得稳定持续的发展。

（二）百货商业数字化重构

在新零售高速发展的背景下，人们的消费结构和消费需求不断升级，反向推动着百货商业的不断发展。众多传统百货企业调整战略重心，大力发展线上业务，并布局全渠道零售，通过数字化重构，打通线上线下，链接实体店、线上网站、移动端网站、移动端App等服务终端，实现产品体系的整合，同时匹配优质的物流服务，为用户的消费全过程提供更贴心的购物体验。

以银泰百货为例，银泰百货通过用户数字化、商品数字化、场景数字化三个方面进行百货商业的数字化重构，实现新零售转型升级。其中，用户数字化不仅打通了线上线下会员数据，同时将整体的会员基于业务全链路全面数字化，分析消费者场景需求，建立了一个商场和消费者之间更自由的关系图谱；对于商品数字化，银泰百货与品牌方合作共同管理，以消费者为中心，结合消费者数据特征，合理地进行产品定价和库存安排；场景数字化则是针对消费者购物行为一体化进行全流程分析，结合分析结果重新构建整体链路，从而提升了服务效率。银泰百货通过"人、货、场"的全链路数字化管理，构建了一个以消费者为中心的数字化垂直闭环，进入银泰百货的品牌，从入驻、营销、运营、销售都实现了全链路数字化，通过数据和传统业务的结合，让好的商品距离消费者更近。

伴随新零售的发展升级，百货行业迎来复苏，王府井、金鹰商贸、百盛、银泰、百联等百货企业积极推动线上平台搭建和线下供应链整合，通过数字化改造，积极探索新零售转型，全面布局新零售。数字化重构的百货商场是吸引品牌的重要能力，新零售百货商场可以和品牌一起进行互联网化的精细化运营，另外，新零售百货商场对于消费者的服务符合当下的消费需求，消费者既可以在线上浏览门店商品下单购买，等待物流送达，也可以在下单后选择在门店取货，这样的百货商场，自然会凝聚更多人气。

三、商超百货行业新零售发展趋势

（一）数字化改造

为了探索商超百货新零售转型之路，永辉、大润发、北京华联等商超百货企业都在积极升级门店体验，通过普及扫码自助购物、自助收银、链接线上平台、提供到家配送服务等数字化改造，为消费者提供更便捷、更贴切的购物体验。随着新零售的进一步深化，众多商超百货企业也将进一步加快、加深门店的数字化改造。

（二）多样化服务

消费者的行为习惯、购物习惯直接影响着商家的销售额与消费频率，而在互联网时代，消费者的消费行为和习惯都在不断变化，尤其会更加依赖互联网进行购物和消费。对于传统商超百货来说，为了满足消费者的习惯，开通线上平台，打通线上线下多种渠道，以实现线上线下用户的充分互动，与实体店资源有效结合，从而持续布局多样化终端。

为了满足互联网时代的消费需求，众多百货商场企业将逐步开发网上商城、小程序等，或链接大型电商平台，迎合消费者的习惯与方式，提供线上下单、配送到家等服务。通过打造多样化终端，包括线下实体店、线上网店、移动网站等，消费者可以自由选择线上线下多样化的购物渠道，百货商场企业可以通过各种渠道锁定消费者数据，掌握更多的信息与商机。

（三）多业态融合

中兴商业通过一系列精准举措，已经从一个单一的零售卖场转型升级为一个集餐饮、娱乐等多功能于一体的商业综合体。这个综合体不仅保留了传统百货的功能，还融入了购物中心的特点，覆盖了广泛的消费领域。特别是自2023年以来，中兴商业更加聚焦于体育、文化、儿童等特色赛道，进一步深化其多业态融合策略，以满足不同消费群体的多元化需求。这种发展模式不仅增强了消费者的购物体验，也促进了企业本身的可持续增长。王府井推动首店、旗舰店和特色体验店落户商圈，时尚品牌和老字号品牌交相辉映，文化赋能的商业业态、服务业态不断落地。由此不难预见，商超百货行业的零售巨头在未来一段时间将持续跨界开拓新消费领域，配置体验性的业态，增加商超百货业态多元化。

通过多业态的融合发展，商超百货企业积极探索以消费者为核心、线上线下融合互通的新零售模式，通过丰富零售版图，多渠道开拓市场，为消费者提供更全面的商品和更贴切的服务。

※ 协作探究

探究背景

随着互联网的普及，消费者的消费观念和消费方式发生了巨大变化。在这个变化背景下，新兴的消费品牌也逐渐崭露头角。它们通过借助互联网和移动互联网技术，以消费者为中心，不断推陈出新满足消费者不断变化的需求，从而赢得了越来越多的市场份额。零食品牌百草味作为一家以消费者为中心的新零售品牌，在多个方面体现了这一特点。

第一，以消费者为中心，不断研发满足消费者需求的各种产品，丰富产品体系。在百草味线下门店，消费者可亲身体验到不同种类的零食，并可以品尝到同一产品的不同味道，这为消费者提供了一种更新颖、更舒适的消费体验。

第二，精选原材料，为消费者提供更加健康、美味的产品。百草味坚持采用自然的原材料，制作出更加健康、美味的零食产品。这种做法既符合现代消费者的健康需求，也能提高产品的附加值。

第三，全渠道营销，线上线下一体化运营。百草味提供线上购物和线下购物，并有配送服务，让消费者能够随时随地购物，享受便利服务。

第四，迎合目标消费群体，建设品牌形象。百草味的消费群体主要为年轻人，其品牌形象清新自然，与产品健康、天然的属性相符，也与目标消费者的审美相吻合；同时在年轻人聚集的社交媒体、电商平台等进行品牌宣传，有效提升品牌知名度。

探究内容

试分析总结百草味在哪些方面做到了以消费者为中心。

探究结果

百草味品牌打造，以消费者为中心，主要表现在以下几个方面：

（1）注重用户体验。线下门店提供种类齐全、产品丰富、味道全面的产品，供消费者试吃、体验，能够满足不同消费者的产品体验需求。

（2）注重产品品质。从产品原材料的选择上，严把质量关，注重健康、天然、味美，不断改进生产流程，提升产品品质。

（3）注重服务质量。从目前消费者线上购物习惯的养成出发，不仅开设各种类型的实体店，也入驻各大电商平台，从购物渠道上方便消费者的购买转化。

（4）注重品牌形象。在品牌形象塑造方面，百草味以目标消费群体的产品品质需求、审美需求、社交需求等出发，传递出易被消费群体接受的品牌理念、品牌视觉形象。

任务三　餐饮门店行业应用

一、餐饮门店行业概述

（一）餐饮门店行业的概念

餐饮门店行业是集即时加工制作、商业销售和服务性劳动于一体，向消费者提供各种酒水、食品，以及消费场所和设施的食品生产经营行业。作为传统的服务行业，餐饮门店行业是竞争最激烈的行业之一，具有低门槛、高利润等特点。

餐饮门店行业主要包括以下三个类别：一是宾馆、酒店、度假村、公寓等场所内部的餐饮系统，如农家乐餐厅（如图 6-2 所示）、宾馆自助餐厅、度假村休闲水吧等；二是各类独立经营的餐饮服务机构，如中式餐厅、西式餐厅（如图 6-3 所示）、酒楼、快餐店、小吃店、茶馆、酒吧、咖啡厅等；三是企事业单位餐厅及一些社会保障与服务部门的餐饮服务机构，如学校食堂（如图 6-4 所示）、医院餐厅等。

（二）餐饮门店行业发展现状

国以民为本，民以食为天。作为传统行业，餐饮门店行业具有门槛低、市场空间广、参与群体庞大等特点，在如今的互联网时代，同时也存在经营成本高、数字化能力低等痛点，因此受到社会各界的广泛关注和重视。随着互联网的发展和消费需求的

图6-2　农家乐餐厅示例

图6-3　西式餐厅示例

图6-4　学校食堂示例

升级，人们对就餐环境、就餐体验等方面的要求越来越高。越来越多的餐饮企业加码外卖、走进商超、进驻线上平台，通过对生产、流通与销售等过程的升级改造，积极拥抱数字化，让餐饮业在线上线下开始了深度融合，使餐饮业态结构和生态圈发生了重构。

二、餐饮门店行业新零售应用现状

（一）传统餐饮门店升级

近年来，随着新零售的深化和互联网技术的发展，线上消费不断冲击线下市场，消费者对餐饮消费需求的升级，也推动着传统餐饮门店的升级改造。线上线下融合发展的新零售模式成为当下餐饮行业的发展新风向，海底捞、西贝、星巴克等传统餐饮门店企业顺应时代发展，利用物联网、大数据、互联网等新技术，通过延伸服务场景、细化餐饮服务细则、升级菜品、创新商业模式等策略对餐饮门店进行转型升级。

以西贝餐饮的新零售转型为例，西贝从 2017 年开始新零售业务布局，开启了以堂食为核心，外卖和线上甄选商城业务为辅助的新零售模式，通过这种方式，将西贝的特色菜品商品化，使西贝的品牌优势和服务延伸到门店之外的地方。另外，西贝结合菜品的数据，分析消费人群的需求，不断优化菜品，并在 2019 年成立新零售品牌贾国龙功夫菜，在 2022 年的"双 11"期间的天猫生鲜预制菜预售排行榜与京东预制菜热卖品牌榜上，西贝再次名列第一，牛大骨、羊蝎子等菜品极受欢迎。而在食材供应方面，西贝厨师通过线上平台上报线下门店经营所需食材，摆脱了传统的人工报单，同时通过系统链接供应商，在云端打造出中餐智慧供应链系统。

（二）餐饮＋零售新业态

在新零售新物种等新模式的加持下，涌现出了一大批既有趣又卖座的创新型餐饮门店。这些餐饮门店有的是连锁店，有的是面积很小的单店，但都采用了餐饮＋零售的新型业态，例如，盒马鲜生用"现场制作＋超市零售"的形式占领了新零售的制高点；魏家凉皮用"凉皮＋社区超市"的形式开了魏家凉皮便利店，深受消费者的喜爱。

餐饮＋零售的新业态，根据售卖产品的不同，功能区划主要分为两种呈现形式。一种是餐饮门店明档，对于需要加工或者强调现制感的产品，以透明开放式明档增加产品与消费者的视觉沟通，并深化消费体验。例如，喜家德、西贝等都力推明档厨房，让顾客能直观地看到食物的制作情况。另一种是店中店，在餐饮门店设置独立售卖区域，将预制品或带包装产品采用店中店的形式售卖，能够有效放大餐饮零售化的呈现效果。例如，茶颜悦色、奈雪的茶等在店内开辟了一块专门售卖茶叶、面包等商品的区域，与餐饮区区分开，形成店中店。

通过餐饮＋零售新业态融合，餐饮门店企业可以为消费者提供零售产品，打开新的盈利渠道，同时也是餐饮品牌对于出餐品质的呈现和承接。以魏家凉皮为例，与传统餐饮门店不同的是，魏家把门店内一部分面积打造成顾客用餐区，另一部分设为商品零售区，如图6-5所示，店里不仅可以品尝到凉皮、肉夹馍等魏家特色美食，还能买到面包、饮料等便利食品，通过功能划分既可以延伸门店功能，打破单一经营的模式，还能为消费者提供更全面的服务，优化餐饮体验。

图6-5　多功能的魏家门店示例

（三）预制菜成餐饮零售化的首选

传统的餐饮门店企业普遍面临"三高一低"经营痛点，即高房租成本、高人工成本、高原料成本、低毛利率，这些困境使预制菜成为当下餐饮企业零售化的首选。预制菜具有生产标准化、饮食安全、作业集约化、味道稳定等特点，能够有效解决传统餐饮门店高度依赖厨师的痛点，提升餐饮服务效率，同时大幅缓解企业成本压力。

懒人经济、户外露营等的兴起，也加快了预制菜产业的发展，预制菜成为越来越多企业餐饮零售化的首选，如海底捞、西贝等餐饮企业，通过推出预制菜打开餐饮新零售转型之路。以海底捞为例，海底捞推出"开饭了"系列预制菜，并在多个线上平台上新，包括辣子鸡丁、宫保虾球、酸菜鱼、鱼香肉丝、大盘鸡等十几款预制菜。

三、餐饮门店行业新零售发展趋势

（一）销售渠道全域化

新零售的重要特点是打通线下与线上的消费场景，除了餐饮门店这种企业天然自带的线下门店，餐饮门店企业还在持续深入线上平台、线下便利店和超市等多种新零售渠道，创新合作模式，以实现销售渠道全域化。

从目前发展趋势来看，对于大型连锁餐饮企业来说，一般采取"自有平台＋第三方电商"的形式拓展线上零售渠道，小型餐饮企业则主要利用社群、小程序、朋友圈等多渠道布局，打通多个消费渠道，通过借助全域化的销售渠道，即拥抱数字经营思维，以数据驱动创新产品及服务，通过搭建电商平台，连接微商城、小程序、App等数字化餐饮系统软件，以便餐饮企业快速将产品推向市场。

（二）餐饮商品零售化

近些年，越来越多的餐饮企业通过工业化加工、产品创新，将餐饮商品标准化、零售化，通过输出标准化成品或半成品，延伸服务场景，打开餐饮门店以外的销售渠道，让菜品以商品的形式出现在生鲜超市、便利店、卖场。例如，全聚德在春节期间推出的家宴礼盒，包括全家福、聚美味、德团圆3款零售餐饮商品；南京大牌档也推出春节礼盒，同时还拓展年夜饭到家服务。

越来越多的餐饮门店企业从餐饮产品的"去服务化"入手，进行"餐饮零售化"的尝试，生活中常见的预包装半成品、料理包、自热产品、生鲜产品都是餐饮商品零售化的产物。通过餐饮商品零售化，餐饮企业能够打破原有餐饮场景的限制，打造具有认知度的产品，并借助多种手段让产品触达更多场景，承接多渠道汇聚而来的用户流量。

（三）餐饮门店数字化

近年来，数字化转型成为餐饮门店行业的共识，众多餐饮企业通过门店管理数字化、会员营销数字化、供应链管理数字化等方式进行新零售数字化转型。餐饮企业想要进入新零售领域，数字化转型尤为重要。

面对互联网技术的持续发展和线上消费的不断深入，餐饮门店数字化已成为餐饮企业发展的重要方向。餐饮门店企业只有抓住数字化、零售化转型升级机遇，才能在餐饮新零售的探索中脱颖而出。

※　协作探究

探究背景

太二酸菜鱼开设天猫官方旗舰店带来多重利好，首先体现在营收层面，线上线下深度结合，将提升传播范围和服务内容，有助于品牌销量增长。一方面，线下门店流量沉积至线上平台，实现餐饮与零售的相互引流；另一方面，通过线上自身品牌力的进一步提升，将对门店进行用户反哺。

当前，太二酸菜鱼的线下门店主要集中一、二线城市，太二酸菜鱼的自助点餐小程序让点餐更加便利，符合都市年轻人高效的生活方式，顾客通过小程序可以轻松找到自己想要的菜品，并且可以查看菜品的价格、口味、原料等信息。

随着用户数量增加，太二酸菜鱼纵向挖产品深度，即对原有产品的深挖、分化，线上推出更丰富的产品，以满足消费者多元需求。

探究内容

太二酸菜鱼作为餐饮门店行业佼佼者，在新零售运营方面有哪些成功因素可以借鉴？

探究结果

太二酸菜鱼在新零售运营方面，有以下成功因素值得餐饮企业借鉴：

（1）销售渠道全域化：太二酸菜鱼打通了线下与线上消费场景，天猫旗舰店的开设，有利于将线下门店流量引导至线上消费，线上流量的集聚也能够对线下门店形成用户反哺。

（2）餐饮商品零售化：天猫官方旗舰店的开设，方便了消费者在线上购买该品牌的系列餐饮产品，拓展了产品体系，丰富了营收渠道，有助于品牌价值的转化与提升。

（3）餐饮门店数字化：点单小程序的运用，既便利了消费者点单，也有助于品牌进行用户数据化管理，实现用户数据化营销。

任务四 终端零售行业应用

一、终端零售行业概述

（一）终端零售行业的概念

零售终端是指市场营销过程中最末阶段的空间，是商品与消费者直接接触，并能够进行交易的场所或地点。终端零售行业包括传统的线下商场、超市、店铺等，是最接近消费者的零售业态，常见的业态有烟酒终端零售、医药终端零售、手机终端零售、食品饮料终端零售等。

（二）终端零售行业发展现状

终端零售行业是竞争最激烈和具有决定性的零售业态之一，通过零售终端，厂家、商家将商品售卖给消费者，进入实质性消费，消费者买到自己需要或喜欢的产品，完成最终的交易。在商场、超市、店铺等终端的柜台货架，各种品牌在这里"短兵相接"，如何吸引消费者的眼光和影响消费者的购买心理是终端零售行业的关键所在。

当下，"互联网+"已经融入各行各业，未来的主流消费者是"90后""00后"这一代"重个性、重品质、重服务、重体验"的消费群体，在新零售浪潮下，传统行业的终端场景、终端产品和服务较难满足当下的消费需求，要把发展滞后的终端变为发展的依托和优势。终端零售企业在现阶段正依托场景化打破终端零售市场千店一面的格局，以帮助现代终端实现转型升级。

二、终端零售行业新零售应用现状

（一）终端零售营销服务闭环完善

我国有数百万家传统零散终端小店，这些传统的零售终端在过去往往只用于销售、结算等与业务直接有关的场景。线下终端零售门店当前面临的主要挑战是作为最佳客户体验的接触点，不能仅专注于销售额的提升，而应将重点放在通过营销策略的优化和升级来促进销售转化。

近年来，越来越多零售企业纷纷尝试终端零售现代化建设，并以新零售方式深耕终端。以医药行业终端零售现代化的探索为例，怡康医药通过服务场景拓宽，将终端药店升级为健康服务综合店，以店中店的形式在终端门店设立"怡适康健康管理服务中心"，为消费者提供健康管理服务。除此之外，怡康还在终端药店开展中医连锁门诊、亚健康管理、互联网远程医疗等多维度、多服务的健康综合服务，深挖当下消费者的健康需求。通过终端赋能，怡康医药实现从传统的药品销售模式向深度健康服务模式延伸，打造能迎合消费者需求的新零售终端，赋予医药零售新的内涵。

在互联网和电商的冲击下，传统的终端零售业态已不能适应复杂的市场需求。近年来，零售企业纷纷通过终端零售现代化建设，结合垂直场景，打通品牌和消费者的直供通道。以白酒行业终端零售现代化建设为例，茅台集团对贵州茅台酒专卖店、贵州茅台酱香酒文化体验中心进行全面升级，推出了茅台酒专卖店3.0版与茅台酱香酒文化体验中心2.0版，全面升级零售终端商业价值、品牌价值与文化价值。五粮液成立了五粮液新零售股份有限公司，全面系统独立运营旗下五粮液专卖店，对旗下五粮液专卖店进行系统升级，包括大数据升级、大文化升级、新零售升级等，成为企业深耕终端消费最敏感的神经。泸州老窖推出集餐饮、娱乐、品评、体验一体化零售终端——百调酒馆，聚焦以"轻酒、轻咖、轻食"为主的潮生活，瞄准"80后""90后"等消费群体，打造沉浸式的新零售消费场景。

新零售环境下，创新零售终端建设模式，增强渠道掌控力，促进终端零售现代化建设，成为终端零售行业转型升级的必要路径。

（二）无人零售终端打造

新零售的发展趋势是让商品离消费者更近。近几年，无人货架、无人售药机等无人零售终端的遍地开花，获得了零售企业的追捧。

例如，"丰 e 足食"是由顺丰集团孵化的无人零售项目，专注于提供智能化的无人售货柜服务。作为国内领先的 AI 智能柜和自动贩卖机运营商，"丰 e 足食"智能柜，如图 6-6 所示，深入办公室及各类小场景，如大学、工厂、写字楼、酒店等，通过创新技术优化消费体验。其新一代无人售货柜采用扫码开门方式，顾客可以自由选择商品，一次拿取多件，即拿即走，享受 30 秒内智能自动结算的便捷。另外，顺丰利用其强大的物流网络与大数据算法优势，确保货品及时补给与精准运营，同时为合作企业提供零成本、高分成的商业模式，降低了传统零售的进入门槛，提升了服务质量和盈利能力。至今，"丰 e 足食"已在全国范围内铺设超过 10 万台终端，成为新零售领域的佼佼者，致力于打造贴近消费者、高效便捷的无人零售新生态。

图 6-6 "丰 e 足食"智能柜示例

无人零售终端兴起的原因，一方面是一台无人零售终端占地面积仅需要 1~3 平方米，相比于传统零售店铺，达到的降本增效作用；另一方面是现代的无人零售终端销售的商品品类范围十分广泛，包括饮料、零食、水果、生鲜等各类日常生活所需商品，能满足消费者"最后一公里"消费需求，带来更便捷的消费体验。

无人零售终端的支付方式和运行方式也不断发展进步，现在的无人零售终端种类、结构和功能依出售的商品类型而定，支付方式也从最开始的投币模式发展到现在的人脸识别刷脸支付。

目前，线上互联网流量基本饱和，线下门店租金等成本也在提高，智能零售终端的性价比开始被关注，移动支付技术、人工智能技术、物联网技术等新技术的不断涌现和普及都在推动智能零售终端的快速发展，在新零售风口下，智能无人零售终端市场将迎来巨大变革和机会。

三、终端零售行业新零售发展趋势

（一）增值服务，助力终端价值提升

近些年，随着新零售的深入发展，传统模式上的零售终端营销方式已逐步被替代。为了满足消费者日益增长的消费需求，越来越多的零售企业在原有产品或服务的基础上，通过资源整合、品牌联合等方式拓展了新的增值服务，赋予现代零售终端更多的新功能，提升了现代零售终端的价值，满足了消费者的个性化需求。

未来，零售终端将不再只是商品交易的场所或地点，而是会持续创新并拓展增值服务，增加客户黏性，并依托各种类型的服务挖掘更多的商业价值，促进终端零售业务的稳步发展。

（二）数字赋能，提升消费体验

新零售时代下，对于终端零售行业来说，单纯的以直接销售论成败的时代已经成为过去式，随之而来的是更加强调消费者体验的新时代。终端门店作为与消费者面对面接触的地点，是品牌吸引消费者、获取和巩固客户忠诚度的重要场所，对于提升营销体验、提高消费者活跃度极其重要。

未来，终端零售行业将依托云计算、大数据等新技术，利用数字化设备及线上平台，精准定位消费需求，并以消费者为中心，围绕"商品＋服务＋社交"的模式，加强体验式服务，让终端真正发挥宣传促销、品牌推广、消费体验等多种功能，增强消费者对终端零售品牌的感知，持续迭代新零售背景下终端零售行业的服务模式。

※　协作探究

探究背景

"瑞即购"是瑞幸咖啡推出的一款智能无人咖啡机，它复制了瑞幸100%移动互联

网购买流程，通过瑞幸咖啡 App 或微信小程序，或者现场扫描机器二维码下单，支付完成后出示取餐码并进行现场制作；一杯咖啡的制作需要 90~100 秒，并支持跨设备取餐，如果两小时内未取餐，会自动退款。

"瑞即购"饮品主要为瑞幸咖啡大师咖啡系列产品，包括拿铁、黑咖、经典奶咖系列，共计 10 款现磨咖啡饮品、3 款小鹿茶产品、1 款经典饮品。"瑞即购"无人咖啡机售价与门店保持一致，并且同步推出"首杯免费、买 2 赠 1"等促销活动。

"瑞即购"作为瑞幸智能零售终端，不仅能满足人们新鲜现磨的需求，更能带来即拿即走的便捷购买方式，相比于传统瑞幸门店起到了降本增效的作用。

探究内容

结合教材以及"瑞即购"无人咖啡机，总结无人零售的特点。

探究结果

无人零售具有以下显著特点：

（1）轻资产，没有门店装修等成本压力，机器占地面积小且灵活，相比于传统零售店铺能够降低成本。

（2）依靠先进的技术与设备，消费者的购物流程变得更加简洁、方便、快速，提升了消费者的购物体验。

（3）无人零售终端不受进场限制，往往依据大数据分析，设置在人流量大的地方，离消费者更近，能够满足消费者的即时性消费需求。

※ 政策导引

《互联网诊疗监管细则（试行）》政策解读

一、制定背景

自《国务院办公厅关于促进"互联网＋医疗健康"发展的意见》等文件印发以来，各地迅速行动、创新落实，推动"互联网＋医疗健康"发展并卓有成效。特别是在疫情防控期间，各地积极开展互联网诊疗服务，建设互联网医院，创新线上服务模式，在满足人民群众就医需求、改善医疗服务等方面发挥了积极作用。

为规范互联网诊疗活动，加强互联网诊疗监管体系建设，防范化解互联网诊疗安全风险，保障医疗服务安全和质量，国家卫生健康委、国家中医药管理局在《关于印发互联网诊疗管理办法（试行）等3个文件的通知》等政策文件的基础上，针对当前互联网诊疗监管中面临的突出问题，制定了《互联网诊疗监管细则（试行）》（以下简称《细则》），适用于开展互联网诊疗活动的医疗机构。

二、基本原则和重点内容

《细则》明确了互联网诊疗监管的基本原则。一是以促进互联网诊疗健康发展为目标，细化规范互联网诊疗服务活动。二是以属地化监管为主线，落实地方各级卫生健康主管部门的监管责任。三是以保障医疗质量和安全为根本，遵守网络安全、数据安全、隐私保护等法律法规。四是以实体医疗机构为依托，将互联网诊疗纳入整体医疗服务监管体系。五是以信息化为支撑，创新监管手段，对接省级监管平台，开展线上线下一体化监管。

《细则》一是对开展互联网诊疗活动的医疗机构提出监管要求。具体包括监管方式及内容，明确了部门设置、管理制度、患者知情同意、社会监督、评价和退出机制等相关要求。二是对开展互联网诊疗活动的医务人员提出监管要求。具体包括医务人员身份与资质认证、培训考核、注册备案等相关要求。三是对互联网诊疗的业务活动提出监管要求。具体包括实名制就诊、接诊与终止条件、电子病历管理、药品管理、收费管理、行风建设、数据接口、数据保存等相关要求。四是明确了互联网诊疗活动的医疗质量、患者安全、网络安全、信息反馈渠道、不良事件报告、发布内容等监管责任要求。

三、专家解读

国家卫生健康委发布《细则》，是在2018年出台的《互联网诊疗管理办法（试行）》《互联网医院管理办法（试行）》《远程医疗服务管理规范（试行）》三个文件的基础上，提出了更为细化的监管要求，是互联网诊疗未来发展的政策指引。总体来看，《细则》体现了以下几点思路：

第一，互联网诊疗开启医疗行业新篇章。互联网诊疗以互联网为载体，将其优势引入诊疗服务，有效整合医疗资源，改善患者就医体验，是医疗行业的新兴业态，同时也触发了新的经济增长点。尤其是疫情期间，在国家卫生健康委大力发展互联网诊疗、智慧医院等新政策的引领下，互联网诊疗实现了规模化增长，互联网医院的数量也日趋增多，在保证患者医疗服务需求、缓解医院线上线下医疗服务压力、减少人员聚集、降低交叉感染等方面发挥了积极作用，成为我国医疗服务体系的重要组成部分。在这样的大背景下，《细则》应时而生，互联网诊疗也必将随着新规范的推进而呈现出多样化、多元化的发展态势，市场规模和产业前景也会愈发蓬勃光明。

第二，互联网诊疗走向健康发展新时代。唯有健康，方能长远，医疗服务的本质和要求从未改变，质量与安全是医疗行业永恒的主题，患者的生命安全不容妥协。《细则》正是从这一角度出发，每一条要求都紧扣这一主题。可以这样说，任何借助互联网的优势来支撑医疗服务良性发展的行为，都值得鼓励与推广；任何假借互联网的名义来挑战医疗质量底线的行为，都是对患者生命安全的亵渎。医疗全行业的高质量发展，离不开互联网诊疗的高质量发展。互联网诊疗行业的规范自律与政府监管层面的严肃他律需要相得益彰。

第三，互联网诊疗探索差异化发展新路径。《细则》中明确要求，以实体医疗机构为依托，将互联网诊疗纳入整体医疗服务监管体系，对注册备案、部门设置、组织制度、评价考核、监督反馈等方面都提出了要求。尤其针对关注度较高的身份资质认证、药品管理、病历留存、平台数据、隐私保护、信息安全等重点问题，都有了更为细节的阐述，这些要求为下一步监管的具体实施指明了方向。同时，考虑到各地区发展速度不均衡，《细则》在划定底线和红线的同时，也给予了各省一定的自由度，可结合自身的实际情况来进一步制定落地实施方案。

第四，互联网诊疗拥抱信息监管新手段。监管是为了更长久的发展，《细则》要求各省要建立省级监管平台，各医疗机构要主动与省级监管平台对接，通过持续的监管应用来梳理业务流程，完善平台功能，推动底层数据流通。同时还鼓励人工智能、大数据等新技术在具体业务工作中的合理应用。由此可见，对于新兴业态的监管也要使用新的技术手段。对互联网诊疗的要求是线上线下一体化，实现网上与院内系统对接；对互联网诊疗的监管要求也是线上线下一体化，体现智治与制治的有机融合。

（资料来源：国家卫生健康委医政医管局官网）

※ 企业创新

拥抱数智化，海底捞以新质生产力探索餐饮行业未来

《人民日报》报道中指出，新质生产力是创新起主导作用，具有高科技、高效能、高质量特征，符合新发展理念的先进生产力质态，特点是创新，关键在质优，本质是先进生产力。

围绕消费提振的主线，餐饮业龙头企业海底捞拥抱数智化，开展全方位的创新探索，为餐饮服务业发展"新质生产力"写下生动注脚。

2023 年 10 月中旬，海底捞启用了全新的"主体责任制"管理信息系统。这一系统

的上线标志着大中华区运营的所有海底捞门店，现已实现日常、周度以及月度自检信息的全面数字化管理。这套数字化系统将对食安信息做识别、分类和归集，并以"数字食安驾驶舱"模式，呈现海底捞门店食品安全数据的趋势与突出问题预警。这也意味着海底捞将以往靠"手动检查和纸质记录"的传统形式转变为"全流程、无纸化、线上化"，烦琐程序得以简化。

除了定期排查，鼠迹、员工脱岗、加工食品未佩戴手套等威胁食品安全的隐患，则需要有一双双"眼睛"时刻紧盯。海底捞引进算法，通过门店监控自动识别和通报食安违规行为，并定期统计汇总各类违规行为的变化趋势，帮助门店研判食安管控情况。目前这套系统正在海底捞门店快速推广。各类线上化、智能化工具的应用，不仅缩减了流程用时，节约了大量的人力和物力资源，还能准确地锁定问题点，帮助海底捞食品安全管理的效率显著提升。

当一项工作涉及多个部门、多个系统的协同，信息线上化往往能发挥出显著的优越性。2022 年，海底捞还搭建起一套线上产品缺陷提报系统，并且形成了 48 小时内追踪解决的机制，最快 2 小时就可以闭环解决在一线门店中发现的问题，强化产品体验的稳定性。与之前相比，整个产品缺陷提报节省了 40% 的人力，也提高了 25% 的处理效率。

一直以来，海底捞坚持以食品安全为重中之重。正在一部分海底捞门店普及的 IKMS 综合厨房管理系统，则靠每个餐盘下的"身份证"（芯片）实现了"一菜一码"，通过对厨房信息化的统一管理，最大限度保障食品安全，成为门店后厨的"中枢大脑"。无须再依赖人工手动排查过期、临期菜品，智慧的"上菜看板"帮助每盘菜品实现了状态可视化，从而实现了对菜品进行全生命周期的管理和记录。后厨工作人员只要把菜品放在智能菜品台上，就能清晰看到菜品日期以及是否符合安全规范等信息。如是临期或过期食品，"上菜看板"也将第一时间通过显眼的颜色标识发出预警和提示。

除了这些数字化的系统，海底捞的门店里还有不少"黑科技"。由海底捞自主研发的自动配锅机，不但可以自动调配锅底，还能通过结合大数据和云端记录，满足"千人千味"的锅底专享需求；智能地排风系统、暖通自控系统、智能电磁炉等物联网智能化设备，则有效节能降耗。从"汗水流淌"到"智慧流动"，智慧化系统和智能装备的发展，赋予了传统的餐饮业越来越多的"科技感"。

作为拥有上千家连锁店的餐饮企业，每一个岗位都有清晰的操作流程和标准。巡店是保证海底捞各岗位服务"快速准确"的必须流程。海底捞自 2022 年年底开始探索 AI 在巡店流程中的应用，打造出一套基于 AI 和图像算法的"AI 巡店"管理体系。它能对现场图像进行分析，判断出关键服务环节的执行节奏，如配锅时间、上菜时间、收台时间等。目前，这套系统已经在海底捞门店体系内成功推广复制，助力海底捞的"快速准确"检查工作提效50%，有效地保障了顾客的用餐体验。

门店的日常运营质量，需要将许多个维度的数据汇总到一起来判断，专为海底捞一线管理者们研发的"嗨嗨管理"App已逐步升级迭代到了3.0版本。伴随海量数据积累，完善预警监控体系逐渐搭建成型，系统也逐步发展。如今，"嗨嗨管理"还可以对AI巡检结果进行数字化展现，已进化成为一个多功能、全流程的综合管理工具，成为助力门店经营分析的"得力帮手"。

新质生产力的核心动力在于创新，海底捞的创新来源于务实的工作，核心则是对人的关注。餐饮服务是一个综合的体验，最核心也最不能被取代的，是人与人之间会心的交流。在餐饮行业人力资源的结构性矛盾日益突出的当下，海底捞利用数字化工具实现精细化运营，把人从重复繁重的工作中解放出来。让员工有更充分的精力关注顾客，在服务中创造情感连接和情绪价值。

以人为本的"新质生产力"打造，为传统的餐饮行业注入科技基因。通过组织结构变革、新技术运用、餐饮生态链升级，海底捞致力为传统餐饮行业注入科技基因，生动展现了新质生产力的智能、绿色主基调。

（资料来源：中国财富网）

※ 思政园地

源氏木语的场景电商行业应用

源氏木语自创立之初，就秉持着"以人为本，创造美好生活"的品牌理念。这一理念与思政教育中的"以人为本"原则高度契合，强调关注人的需求，尊重人的价值。在场景电商的应用中，源氏木语将这一理念贯穿于始终，通过精心打造的家居场景，为消费者提供了个性化的家居体验，让人们在享受美好家居生活的同时，感受到品牌对人性关怀的深刻理解。

1. 线上展示与体验

源氏木语通过电商平台展示家居产品，不仅体现了现代科技与商业模式的融合，更展现了创新精神和对消费者需求的深度理解。这种线上展示方式，让消费者能够更便捷地了解产品信息，享受到了科技进步带来的便利。同时，这也符合思政教育中强调的"与时俱进、开拓创新"的精神。

2. 线下门店体验升级

源氏木语在线下门店中，精心打造了多个家居场景，如客厅、卧室、书房等，让消费者在购物过程中能够直观地感受到产品的特点和品质。此外，源氏木语还定期举办各类活动，如新品发布会、家居设计讲座等，吸引消费者到店体验，提高品牌知名度。这种注重消费者体验的做法，体现了"以人为本"的思政理念。通过提升消费者的购物体验，源氏木语不仅增强了品牌的吸引力，也传递了企业对消费者的尊重和关怀。

3. 线上线下融合营销

源氏木语通过线上线下的融合营销，实现了流量的互导和数据的互通。在线上，源氏木语通过社交媒体、短视频平台等渠道，发布家居设计灵感、用户案例等内容，吸引消费者的关注；在线下，源氏木语通过门店活动、会员优惠等方式，引导消费者到店体验，实现线上线下闭环的商业模式。

4. 场景化推广策略

源氏木语在场景化推广策略中，不仅关注销售业绩的增长，更强调品牌的社会责任。例如，在春季的"木暖新家"活动中，源氏木语不仅为消费者提供了温馨的家居场景体验，还倡导绿色环保的生活方式，鼓励消费者选择环保材质的家具产品。这种关注社会责任的态度，体现了思政教育中的社会责任感和公民意识。

通过应用场景电商，源氏木语实现了品牌与消费者的深度链接，提高了品牌知名度和美誉度。同时，场景化的营销策略也极大地促进了销售业绩的增长。

思考：在场景电商的背景下，源氏木语如何进一步挖掘和利用消费者的个性化需求，以实现品牌与消费者之间更深层次的情感连接？

※　思考与练习

请扫描右侧二维码获取资源，完成相关练习。

（项目六　习题）

参考文献

［1］张箭林.新零售：模式＋运营全攻略［M］.北京：人民邮电出版社，2019.

［2］刘旷.新零售实战：商业模式＋技术驱动＋应用案例［M］.北京：清华大学出版社，2019.

［3］永恩.智能新零售：新场景、新科技、新物流、新消费［M］.汪惟，赵俊丽，译.北京：人民邮电出版社，2018.

［4］李忠美.新零售运营管理（慕课版）［M］.北京：人民邮电出版社，2020.